商业秘密

网络时代的信息资产管理

[美] 詹姆斯·普利（James Pooley） 著

刘芳（Fang Liu） 译

SECRETS

**Managing Information Assets
in the Age of Cyberespionage**

清华大学出版社

北京

北京市版权局著作权合同登记号　　图字：01-2023-2214

Secrets: Managing Information Assets in the Age of Cybere, 9780996391016, by James Pooley, published by Verus Press, © 2015

图书在版编目（CIP）数据

商业秘密：网络时代的信息资产管理 /（美）詹姆斯·普利（James Pooley）著；刘芳译．—北京：清华大学出版社，2023.8

书名原文：Secrets: Managing Information Assets in the Age of Cyberespionage

ISBN 978-7-302-64384-5

Ⅰ．①商…　Ⅱ．①詹…②刘…　Ⅲ．①商业秘密－保密法－研究－美国　Ⅳ．① D971.234

中国国家版本馆 CIP 数据核字 (2023) 第 149830 号

责任编辑：朱玉霞
封面设计：徐　超
版式设计：方加青
责任校对：王荣静
责任印制：沈　露

出版发行：清华大学出版社
　　　　　网　　　址：http://www.tup.com.cn，http://www.wqbook.com
　　　　　地　　　址：北京清华大学学研大厦 A 座　　　邮　　编：100084
　　　　　社 总 机：010-83470000　　　　　　　邮　　购：010-62786544
　　　　　投稿与读者服务：010-62776969，c-service@tup.tsinghua.edu.cn
　　　　　质 量 反 馈：010-62772015，zhiliang@tup.tsinghua.edu.cn
印 装 者：三河市东方印刷有限公司
经　　销：全国新华书店
开　　本：155mm×230mm　　　印　　张：16.25　　字　　数：203 千字
版　　次：2023 年 9 月第 1 版　　印　　次：2023 年 9 月第 1 次印刷
定　　价：99.00 元

产品编号：094332-01

作者介绍

　　詹姆斯·普利（James Pooley）先生是国际著名的商业秘密法专家，世界知识产权组织（WIPO）前副总干事、美国知识产权法协会前主席，美国发明家名人堂主席，塞多纳会议商业秘密工作组主席，美国加州大学伯克利法学院客座教授和专职律师。普利先生拥有四十五年以上在美国硅谷担任诉讼律师与企业顾问的经验，是美国2016年《商业秘密保护法》的立法专家顾问，曾获得"美国最佳律师"、钱伯斯"美国领先商业律师"、"加州领先律师"和"世界领先知识产权战略师"等多项殊荣。

译者介绍

　　刘芳（Fang Liu）律师，法律博士（J.D. *magna cum laude*），北京天驰君泰律师事务所高级合伙人、国际业务部负责人，美国加州大学伯克利法学院科技与法律中心高级研究员（Senior Research Fellow），长期从事中美两国公司法、跨境投资并购、知识产权以及涉外争议解决等法律事务。刘律师与享誉国际知识产权界的著名学者罗伯特·莫杰思教授合著出版了颇具影响力的《商业知识产权战略》一书。刘律师拥有中国及美国纽约州、加利福尼亚州、密歇根州和华盛顿特区律师执照。

中文版序

1998 年，作为行业领袖、政府官员和学者代表团中的一员，我首次到访中国。这次访问是为了庆祝北京知识产权培训中心开幕，并与我们的同行研讨中国加入世界贸易组织计划的重要组成部分——建立现代知识产权体系所做的努力。这次经历让所有人记忆深刻。

我对中国的第二次访问是在 12 年后，当时中国已经成为国际专利体系中发展最快的国家。我作为一名联合国外交官，借这次访问对中国（国际专利体系的最大"客户"）做更加深入的了解。此次访问中了解到的情况令我感到震惊：中国专利局的办公楼已经从 1998 年北京的一座大楼发展到全国的二十七座，专利审查质量跻身于世界顶尖水平，并且专利只是其整体发展图景的一部分，在一系列会晤中，中方代表坚定表达了全方面构建现代知识产权制度的承诺。

随着全球企业对"信息"这一商业资产的日益依赖，商业秘密保护受到了极高关注。从我 2010 年访问中国之后，中国对其《反不正当竞争法》的相关规定进行了重大修改，并通过司法解释阐释了有关内容，为国内外企业提供了更好的预期和更强的保护。我曾十分荣幸地到中国就商业秘密法和相关实践做系列讲座，并希望这本书的译本有助于再续几年前开始的对话，同时帮助中国企业理解和掌握在全球化经济背景下如何更好地管理商业秘密。

原 版 序

　　展望自动驾驶汽车的未来，优步支付了近 10 亿美元收购了一家新成立的公司，这家新公司是由谷歌自动驾驶汽车的首席工程师创建，而且这名工程师还从谷歌窃取了 1.4 万份机密文件。谷歌将优步诉诸法庭，优步最终解雇了这名工程师，并且支付了 2.5 亿美元的和解金。苹果公司匆忙找回了被员工遗留在酒吧的一款尚未发布的新款 iPhone样本，恰巧在一年前，同样的事情在另一家酒吧也发生过。喜达屋的员工带着一种新型酒店的构思辞职加入希尔顿公司。托马斯英式松饼的老板诉诸法庭，捍卫其食品配方不被竞争对手使用。上述企业危机的共同点在哪里？答案是：商业秘密。这些事例反映了现代商业中最重要的资产的巨大价值，以及这些资产所面临的威胁。

　　19 世纪的商业巨头们之所以发家致富，是因为他们控制了对钢铁、石油、木材、铁路、运河和航运等原材料和商业基础设施的使用权。这些商业巨头目睹了第一次工业革命，并促成了第二次工业革命，最终实现了大规模的生产，极大地提高了人类社会的生产力和繁荣程度。但他们只是少数人，而且他们对资源的占用减少了其他人的可用资源。

　　相比之下，第三次工业革命不仅通过提高人们物质转化能力的思想来创造价值，而且还通过信息本身创造价值。在日益全球化、高度互联的电子时代，企业乃至市场几乎在一夜之间形成。

在富尔顿1807年发明的轮船基础之上,瓦特花费了长达三十多年的时间发明出了现代意义的蒸汽机。我们将瓦特的蒸汽机与Instagram公司(一家仅成立两年的初创公司,于2012年被成立五年的Facebook以10亿美金收购)的照片分享技术进行比较,不得不承认,现代经济几乎完全依赖于迅速发展的"无形资产"。

经济向无形资产的转移意义深远,但速度如此之快,以至于很少有人对这种变化的规模给予足够的关注。会计行业通过资产负债表对企业进行估值,主要反映有形资产。不同的是,华尔街用金钱投票,这也是Facebook在第一个交易日市值就高达1000亿美元的原因。当然,一家公司的股票价值很大程度上取决于投资者对其未来盈利能力的预期,这在很大程度上是一种投机行为。但是,抛开投资者的热情,我们又该如何解释谷歌、Facebook以及苹果这类公司所获得的巨额投资呢?这些公司有办公家具、电脑,但可能不会有太多的固定资产、原材料或库存,这些都是旧经济所关注的资产,当今的现代化企业建立在信息基础之上。

在信息时代,商业秘密(比如,一项新技术、一个商业计划,或是从数据分析中提取的见解)确立了企业的竞争优势。由于商业的全球化,竞争随时随地都可能出现。企业的生存,与企业的成功一样,都需要谨慎和严谨的信息管理。那些知道如何保护和利用最重要的商业秘密的企业,可以迅速利用其业务获取利润并占据市场主导地位;而那些没有认识到这一现实的人注定要失败。

什么是专利呢?难道新技术的价值不是通过专利获取的吗?专利确实赢得了很多关注。经济学家经常把专利当作创新的代表,并在排行榜中把专利作为指标对公司和国家进行比较。大众媒体报道了高科技巨头之间的各种"专利战",并感叹这是一场浪费资源的战争。当然,专利对很多产业至关重要,并且可以被视为现代科技经济的主要推动力；但是，在法律世界中，还有另外一些无形权利，它们与专利至少起着同等重要的作用，但却很少被媒体关注，这是商业秘密。

造成上述情况的很大一部分原因是：商业秘密是秘密。公司不会谈论不想被竞争对手知道的事情。但根据大量的文献研究，商业秘密是迄今为止保护竞争优势的首选形式。根据美国国家科学基金会（National Science Foundation）和国家统计局（Census Bureau）2009年对美国企业进行的一项调查发现，在从事大量研发活动的公司中，商业秘密是首要的保护手段。对于那些被官方列为"研发密集型"的公司——占美国研发支出的67%——商业秘密被认为是最重要的知识产权形式，是发明专利的两倍多。

在某些人看来，偏爱商业秘密而非专利似乎有些奇怪，尤其是律师和法官，他们通常只是抽象地看待这两种制度。1974年，美国最高法院做出了一个具有里程碑意义的判决，认定联邦专利法没有"取代"（preempt）商业秘密法，并指出，商业秘密作为一种保护创新的方法，其保密性相对"薄弱"，与专利不同，商业秘密不具有排他性，任何其他独立发现商业秘密的人可以像第一个发现该商业秘密的人一样自由地使用该商业秘密；法院认为，当一项发明可以获得具有排他性的专利权保护时，没有一个理性的人会选择通过商业秘密的方式来保护这项发明。

非常遗憾的是，最高法院并没有调查当时企业的实践操作。杜邦公司发明了尼龙（nylon）、特氟纶（Teflon）和凯夫拉尔纤维（Kevlar），长期以来是世界上领先的二氧化钛（TiO_2）供应商。TiO_2是一种增白剂，可用于纸张、油漆、牙膏和防晒霜等多种产品中。1948年，杜邦破解了一种新的氯化工艺技术，这项技术使杜邦能够比其他公司生产出更好、更便宜的TiO_2。但是，杜邦并没有为其配方申请专利，而是采取了许多公司对工艺技术的普遍做法——将配方保密。结果是，杜邦避免了一项本应在 20 世纪 60 年代到期的专利，因为无须按照专利申请流程向公众披露工艺配方，杜邦在长达 60 多年的时间里，凭借该商业秘密持续在价值数十亿美元的市场上保持其领先的供应商地位，并将该业务剥离独立经营。

杜邦的例子告诉我们，如果一项技术工艺不能通过最终产品被逆向工程破解，那么，使用商业秘密来保护该项技术的优势是显而易见的。即使是其他技术，也有充分的理由将它们作为商业秘密予以保护，因为对商业秘密的保护成本较低——您无须支付申请和认证费用，而且商业秘密涉及的范围非常广，涵盖了很多专利无法保护的内容，几乎涵盖了所有商业信息（比如，销售数据和战略计划）；此外，与公开的专利不同，您不会向竞争对手披露正在做的事情。

当然，在我们还是小学生的时候就知道，秘密很脆弱，要依赖于他人不把秘密泄露。在商业中，有价值的信息越来越多地掌握在流动性日益明显（或者说越来越不可信）的员工手中。如今，员工经常分散在难以监管的远处办公。矛盾的是，为我们带来互联网、Twitter 和 Facebook 的通信革命，也让企业数据暴露在新的、令人担忧的风险当中，商业秘密可能会在无意间丢失，也可能被间谍活动破坏。不但保护自身的信息资产成为新的紧迫优先事项，而且来自于竞争对手的、不受欢迎的信息污染已经引发了昂贵的诉讼甚至刑事责任。如果公司董事和高管未能面对这一新的现实，那么，他们正在忽视对公司最有价值的资产进行保护和利用的责任。

世界各地关于保护商业秘密的法律还没有统一。尽管 1995 年的《与贸易有关的知识产权协定》要求世界贸易组织（WTO）的所有成员国（几乎所有国家）颁布法律保护“未经披露的信息”，但各国对这一共同标准的执行状况差别很大。尽管欧洲近期开展了一项协调商业秘密法的进程，但世界各个国家的保密制度在可预测性和有效性上的差异仍然是全球商业面对的现实。幸运的是，美国在该领域的法律相对完整和先进（它们还是 TRIPS 标准的灵感来源），也因此成为本书大多数实践"规则"的来源。但是，现代商业战略必须考虑国际法律环境，您可以在后面的章节中找到合适的建议。

我在 1982 年出版了第一本关于商业秘密的书，当时保护公司机密信息最有效的方法是观察谁从大门进出。之后的时间里，信息安全受到了互联网的挑战，出现了一种披露文化，这种文化被社交媒体、复杂的黑客工具、全球供应链以及"开放创新"的驱动力所推动。在这种文化下，当公司寻求新业务解决方案时，会外包给供应商、客户以及各种短期"合作伙伴"，甚至是竞争对手。（这一新局面在第一章中有详细的探讨。）信息管理的工作不再是信息技术或安保部门的专属领域，它涉及企业运营的各个环节和战略考量，信息管理工作也从未像现在这样复杂或有意义，希望本书能够使负责创造和保护思想的人少犯错误，并有效地部署企业知识产权为公司创造价值。

阅读这本书会让您更深入地了解企业如何能够在竞争中脱颖而出，以及如何工作来保持自身的优势。作为一名高管、经理或企业主，您可以从这本书中获得保护和利用公司优势的武器。作为个人，您会更清楚什么是属于您的知识，以及如何在不被起诉的情况下利用这些知识来促进职业生涯，无论您的兴趣或工作是什么，您都可以更好地理解信息如何成为 21 世纪的全球货币。

目　录

第一章　网络时代的商业秘密 / 001

第二章　什么是商业秘密？ / 014

第三章　谁拥有商业秘密？ / 031

第四章　法律如何保护商业秘密 / 047

第五章　管理你的信息资产 / 067

第六章　合同与商业秘密 / 096

第七章　商业间谍和竞争情报 / 111

第八章　避免信息污染 / 130

第九章　离职员工的竞争 / 147

第十章　争议和诉讼 / 167

第十一章　商业秘密与政府 / 184

第十二章　信息窃取犯罪行为 / 197

第十三章　全球市场背景下的商业秘密 / 212

附录一　员工保密协议与发明转让协议范本　/　225

附录二　保密协议范本　/　232

附录三　非保密协议范本　/　235

附录四　顾问协议范本　/　237

附录五　对他人主动提交信息的回复及相关协议范本　/　242

附录六　警告函范本　/　245

译后记　/　247

第一章

网络时代的商业秘密

20 世纪 70 年代初，我人生中第一次接触商业秘密问题，那时信息安全还只是各个企业的地方性事务，主要涉及经营场所和文件的物理访问控制，企业保密工作面临的最复杂的技术威胁来自复印机。

时过境迁，计算和通信技术的革命性发展提高了企业生产力，开启了万物互联；贸易全球化也开启了巨大的新兴市场。但信息泄露风险随之急剧飙升，而全球竞争的现实又要求企业将最重要的无形资产托付给世界各地数量和规模不断增长的网络经营者。

这就是当下企业面临的根本性的安全悖论：出于所有的传统原因，保密仍然很重要；但想取得成功，就要在瞬息万变、关系肤浅的扁平世界中分享信息与信任，而这个世界中风险无处不在。传统企业正在失去自身的独立身份，转而以不固定的形态存在，即一种由外部关系、互联网、社交媒体、移动设备和大数据定义的形态。与这个时代很多其他发展一样，这些因素能够带来价值增长的机会，但也是需要积极管理的薄弱环节。

目前，信息不安全的最大推手包括：业务全球化、互联网、其他通信和存储技术、流动办公的员工以及他们的移动设备。很多运营领域都面临管理上的挑战，需要制定和实施能够在不断变化、几乎不可预测的环境中发挥作用的各项战略。下文我们会详细探讨可以促进战略实施的因素。

开放式创新与全球供应链

创新史常以英雄人物的系列故事开篇，故事中的英雄们灵光乍现，作出了改变社会的革命性发明。但现实却没有这么富有戏剧性，发明创造通常需要团队协作，而非"灵光一闪"的瞬间。换言之，伟大的新发明很少完全脱胎于某个发明家的想法，几乎都有赖于一系列在先的改良，逐步求索而得。亨利·福特（Henry Ford）就是通过这种方式一步步地完善了生产线。1913 年 12 月 1 日，福特汽车第一条大规模机械化生产线启用后，效率从此得到大幅提升，借助这条生产线，工人们可以通过 84 道独立的工序完成整车制造。但如果没有上一个世纪可替换零件的"美国制造方式"的发展，这条生产线也无从谈起。

福特汽车还有另一项知名的效率提升成果——全集成生产系统，也就是通常所说的流水作业线。福特并非只是将零件组装成整车，它还可以自己制造汽车零配件。福特生产汽车需要的橡胶来自于公司在巴西的种植园，煤和钢来自于公司的矿藏，木材来自于公司的森林；此外，公司还拥有自己的铁路和船队来保证运送。企业的这种"垂直整合"在一定程度上确保了风险控制和管理，符合当时的时代需求。

但 20 世纪下半叶全球化竞争和高速创新的出现，意味着在很多行业里，单一实体不可能处理设计和生产的各个方面。将业务灵活地外包给竞争对手逐渐成为了一项合理的策略。正如可替换零件让福特流水线成为可能，有了现代通信技术（包括互联网）的铺垫，外包逐渐扩展成为当今的"开放式创新"。

亨利·切萨布鲁夫（Henry Chesbrough）教授引火了"开放式创新"这个词，它指的是，多数大企业倾向于通过与他人（供应商、客户、甚至竞争对手）紧密协作进行创新，从而获得生存和发展的一种首选方式。在持续发展的外部驱动下，当代的全球企业不得不摒弃"非我所创"（not invented here）综合征，打破传统的管理孤岛，转而拥抱"最好最新的想法通常产生于公司围墙之外"的理念。如今，一些世界上最大且最成功的企业，以各种方式应用这一协作模式制造新产品，包括宝洁、通用、飞利浦、联合利华和福特，等等。

请不要受"开放式"一词的误导。为保护有价值的创新活动，某些行业广泛采取了保密和专利措施，将"开放式"的说法适用于这些行业似乎存在矛盾。有时"开放式"一词会被错误解读为"自由"，如 Linux 的"开源"软件，或者创造了维基百科的公众合作。因此，可以考虑采用"协作创新""协作工程"或"共同创造"等词汇来描述走出企业内部、接触未来创造性想法的这个过程。

"协作"和"走出来"意味着分享和承担风险：我必须将我的部分产品路线图托付给你，以便我们可以共同高效地在最佳道路上行进。乍一看，这似乎产生了信息安全困境：保证信息安全通常意味着限制访问。确实，当你把秘密告诉他人时，必须确保他们会努力避免对信息的进一步传播。如下文所述，商业秘密法律和政策可以保护"开放式"创新的安全——只要披露和误用的风险得到良好管控。

与协作创新的过程相似，当代的全球供应和经销网络带来了规模和效率的新机遇。然而，这些网络上数以千计"终端"的存在，意味着企业对其信息的控制力更低（与自己生产零件或派遣自己的销售人员相比）。此外，这些终端——携带笔记本电脑和智能手机的人——散布在世界各地，所处的国家对信息安全和所有权的执法制度、文化态度通常大相径庭。事实上，部分美国公司正在"重新收回"他们之前的外包业务，不仅仅是因为外国薪资成本不再具有绝对优势，或是因为疫情大流行期间经历的供给短缺，他们还认为在美国本土对信息的控制更容易、更有效。

但底线是：即使在贸易紧张时期，大多数现代商业都是通过全球协作完成的，他们必须分享有价值的信息，优化供应链效率。具备完善的商业秘密管理，才能确保这种商业背景下的利益，控制其中固有的风险，并对如何部署最重要的资产做出明智的决定。

互联网

毫无疑问，过去25年商业秘密领域中最大的变化是互联网。以往泄露商业秘密的方式通常是粗心的员工将保密文件副本带出办公室，然后不小心遗忘在酒店或者飞机上（下文我们还会讨论到粗心的员工仍然是最有可能的信息泄露源）。但现在，只需要粗心的员工错误点击笔记本电脑上的按键，甚至只是使用酒店或飞机上的wifi网络，就会在不知不觉中被网络窃贼植入"中间人攻击"设备，这类设备可以匿名读取通过本地路由器传输的每条信息，扫描有价值的数据和密码，从而更深入地渗透到公司的网络。

机遇：大数据和物联网

首先，好消息是，与没有互联网相比，互联网能够以更快的速度引导创建更多有用的信息。以"大数据"为例。大数据涉及数据和信息之间的差异。IBM估计，全球90%的互联网数据是2016年起生成的，当时的日使用量是440亿千兆字节，这一数字预计在2025年前将增长10倍。大海捞针无疑是一项巨大的挑战，非人力之所及，但计算机却非常擅长这项任务——在数据海洋中自动冲浪，然后定位最终可能会有意义的模式。"数据分析"这一新兴领域由人工智能驱动，有望提高人类对复杂系统的工作方式和原理的理解——从天气到疾病，再到人工智能本身——并为各种问题提供创新性和有价值的解决方案平台。以气候公司（Climate Corporation）为例，该公司总部位于旧金山，于2010年引入了一项服务——从公共渠道收集数十年来的天气、农作物产量和土壤的数据，以自有算法进行分析，并向农民和农作物保险公司出售由此得出的建议。三年后，该公司以超过十亿美元的价格被收购。这类新财富的基础是什么？就是将所有这些数据转变为信息的秘密算法，以及由算法所生成的信息，而这些都属于商业秘密保护的范畴。

其他的例子不胜枚举：比如亚马逊的顾客信息库，推动了数十亿美元的销售额；或者谷歌的搜索引擎，每年处理万亿次的搜索。这些系统采用了"机器学习"，从巨量的小额交易中挖掘其背后的价值。（有趣的是，这类秘密所创造的价值并未完全反映在这些公司的账簿上，因为会计师还在为如何评估信息等"无形资产"绞尽脑汁，但这些价值会体现在公司的股价上。）

大数据之所以如此宝贵，是因为它经常会利用为其他目的收集的已有信息，创造出新的有用信息。大多数企业都会记录出售的产品和购买的客户；而一旦汇总这些记录并挖掘出其中蕴含的模式和趋势，便可以提高利润、扩大效率和创造更多销售额。大数据还可以服务公共利益——斯坦福大学的科学家曾使用软件，分析了人们为查找特定药物和自身症状的信息所进行的 8200 万次匿名搜索，并从中准确得出了同时服用这些药物产生的副作用。

迅速发展的"物联网"（IoT）是大数据分析的另一种应用。工业互联网——连接了机器、在途商品和人员——是我们监控事物方式的第一波巨变。工业互联网结合了低成本传感器和无处不在的网络，生成有用信息，提高了效率。我们不仅连接了智能手机和工业设备，还连接了汽车、家用电器、运动器械和各种"可穿戴"设备，生成关于我们自身的数据，包括我们所处环境以及健康状况的数据。截至 2019 年，活跃的物联网设备总数已超过 260 亿，相当于地球上几乎每个人拥有四台设备。

所有这些不断增长的连接会产生惊人的数据量。正如《经济学人》指出，一个燃气涡轮传感器每天可以创造 500 千兆字节数据；全世界有 4 万台，假设每台燃气涡轮上只有三个传感器，这意味着每天会产生 60 万亿字节数据，大约相当于 2000 年整个互联网产生的日流量的 24 倍。（目前的互联网协议 IPv4 即将陷入困境，因为它只支持 430 亿个地址；而新协议 IPv6 则可以容纳超过 300 万亿个地址。）数据分析因此迎来用武之地，它意味着大海捞针过程中捞到那根神秘的针可以创造的价值。

风险：有百万种方式可以获得你的数据

好消息先说到这里。虽然互联网为开发有价值的新信息（以及由此产生的财富）提供了无限机遇，但也给信息安全带来了特殊威胁。我们会在第七章更为深入地探讨网络间谍的具体问题以及如何管理相关风险。现在需要记住的要点是：互联网不只改变了我们工作和通信的方式，也改变了我们对工作和通信方式的看法。而这一改变，对大部分依赖人类信任的商业秘密系统而言具有深远影响。

不经意间，互联网已成为个人和商业生活的重要部分，也是我们获取地图和食谱等各类信息的首要手段。多数情况下，信息是免费的（但可能需要观看一些广告）。如前文所述，我们正以惊人的速度将设备接入互联网。对企业而言，不仅要考虑计算机和智能手机，还要考虑闭锁系统和打印机。此类"终端"越来越多，带来的风险也越来越大，就像给一栋楼装上越来越多的门。但实际情况比这更糟糕，因为很多设备用的都是老版的简单软件，很容易被黑客利用。一旦攻击者侵入打印机，就可以轻松连接到公司的其他网络。最近一项针对接入互联网的商业设备的调查发现，有 4000 万到 5000 万台设备仍然使用着存在已知漏洞的旧协议。

只要可以通过互联网远程操作，即使是监控摄像头也能为窃贼打开方便之门。比如，某个品牌的无线摄像头被发现装有存在漏洞的软件，远程攻击者可以借此提取设备的全部内存，包括摄像头的安全证书以及用于访问摄像头的网站和账户。德克萨斯的一户人家发现了这个漏洞，当时他们听到婴儿房传来喊声，发现有人侵入了他们的婴儿监控器，对孩子们大喊脏话。

敌人就是我们自己

这个问题涉及更深层次的东西。我们不仅创造了安全性非常脆弱的基于互联网的系统，还拒绝承认该系统的风险程度。因为互联网已经融入我们的日常工作，并且可以保证在99％的时间内都能正常运行，我们很可能没有注意到它的危险性。以电子邮件为例，我们对它又爱又恨，因为光是每天浏览邮箱就要花掉很多时间。我们会删除明显的垃圾邮件，但稍不留意，可能会打开一个很久没有联系的人发来的邮件，告知我们某个感兴趣的消息，比如即将召开关于某个主题的会议。我们打开邮箱中的链接，却没有意识到已经把一位不速之客请进了自己的系统，而这位"客人"会在我们毫不知情的情况下植入恶意软件，控制设备的运行，并通过"受信任"的路径进入我们工作企业的网络。

根据2018年赛门铁克（Symantec）发布的互联网安全威胁报告，大约55％的电子邮件是垃圾邮件，即使安装了过滤器，用户平均每月仍会收到16封恶意邮件。将这个数字乘以系统使用的人数，就可以看到人们多么容易受到误导，尤其是在注意力不集中的时候。有些黑客还会采用"延时"技术，使电子邮件躲过传统筛选，在几小时或几天后才变成恶意邮件。而且，越来越复杂的"鱼叉式网络钓鱼（spear-fishing）"已变得越来越普遍，这些程序会把从社交媒体网站上"抓取"来的关于你的信息加入到电子邮件的信息中。而此类程序的变体——"对话式网络钓鱼（conversational fishing）"，会通过一系列相关电子邮件，让消息看起来更真实。考虑到我们对电子邮件漫不经心的态度，如此多的攻击取得成功也就不足为奇了。（据估计，三分之二的钓鱼邮件在周一和周五发送，一般认为在这两个时间点人们的注意力会不大集中。）

但更糟的是，不但网络让我们不太关注自己的通信，还"教会"我们主动交出自己的数据。我们创造出了全新的"脸书一代"，人们被悉心培养使用社交媒体进行联系、向大量观众分享私人信息。如前文所述，这为通过电子邮件进行有针对性的鱼叉式网络钓鱼提供了素材。而且，分享私人问题的冲动会渗透到个人的商业活动中，即员工在为解决雇主（或雇主的客户）的问题而寻求帮助时，可能认为将相关问题发布到网络空间完全没问题，但实际上却造成了无法挽回的保密信息泄露。

互联网和保密活动给我们的教训是：敌人就是自己。对信息丢失的防御必须是多方面的，我们需要能够实时分析威胁，并对许多不同类型的行为做出应对。

移动设备：U盘、笔记本电脑、平板电脑和智能手机

技术进步最大的讽刺之一是：在我们创造出越来越有价值的信息之时，我们也在创造更有效地盗取这些信息的工具。过去，窃贼青睐的信息工具是复印机，现在则是无所不在的U盘（现在有数十亿计的具备USB功能的设备），只需几秒，就能加载几千份文件，然后放入口袋或钱包中带走。U盘也是公司网络"内部污染"的主要媒介；有时候，数据窃贼会将受病毒感染的USB设备故意丢在一家公司的停车场，希望有员工捡到并插入他们的电脑看看里面有什么内容。我

们可以采取很多措施降低这类风险（请见第五章），但有些安全措施会令人沮丧，比如，许多企业通过软件或环氧塞的方式关闭了所有电脑上的 USB 功能。

1982 年，在本书的前身出版之时，笔记本电脑还不是放在膝盖上的便捷电脑。如今，笔记本电脑已是每位出差高管或经理用来存储竞争必备的所有信息的工具。很多公司都制定了政策，要求员工出差时只携带存有旅程必要信息的"精简"电脑。但即使员工使用公司笔记本电脑或平板电脑在家工作，如果个人信息和公司信息混放且登录了不安全的网络，同样会增加信息泄露的风险。

同时，计算设备的尺寸不断缩小。对世界上大多数人来说，智能手机是他们访问互联网的主要方式，智能手机比 20 世纪 60 年代的大型计算机拥有更强的数据存储和计算能力。过去公司 IT 部门可以屏蔽个人移动设备进入公司网络，黑莓的独特成功就可以追溯到对通讯进行严格控制的渴望。但多数关注该问题的人认为，这场斗争已结束，员工最终胜出。人们甚至还为此造了一个词：BYOD（自带设备办公）。当前，手机、平板和个人笔记本电脑等员工自有连接设备激增，而且其中大多数设备都越过了公司的物理防线，使得信息保密工作比以往任何时候都更加困难。

无论精心设计的间谍活动是否还像我们以前认为的那样普遍，互联网已经开放了许多途径，交易工具也变得更小、更便宜、更有效。精密设备可以通过远距离测量会议室窗户的微小振动来窃听会议室中的讲话。如果将传声器（窃听器）和摄像头安装在小型无人机上，有时甚至都不必隐藏起来。正如《经济学人》的打趣，如果你真的需要确保对话不被偷听，解决方案是"找一个狂风呼啸的夜晚，在新犁过的田地里，赤身裸体地召开重要会议。如果做不到这一点，那就拉上窗帘，清理窃听器，轻声低语，避免直接引用事实"。

员工：仍然是最大的泄露源

在商业秘密的世界里，几乎不变的一点是：无论互联网或恶意软件入侵会带来何种风险，对公司数据安全的最大威胁来自于两耳之间的"湿件"，即大脑。安全专家称为"内部威胁"，尽管这种威胁有时会通过个人的故意行为表现出来，但目前为止最常见的信息泄露原因是员工的粗心大意。

我们都看到过机场里疲惫不堪的出差人士，他们无法接入公司的VPN（虚拟专用网），但需要向总部发送包含重要文件的消息，不得不使用免费的公共网络（Wi-Fi），却没有意识到有"中间人攻击"设备正在钓鱼。在对虚拟窃听毫不知情的情况下，员工通过免费的Wi-Fi发出了信息，但消息在传输途中遭信息窃贼拷贝。更糟的是，窃贼还顺便掌握了员工的网络密码，可以直接登入公司系统，安装软件工具查找更多密码，监控按键输入，转发电子邮件，发送令人产生兴趣的文件。另一种可能的情况是，加班回家后还有重要工作需要处理的员工，在离开公司前，用U盘拷了些非常敏感的公司文件，回到家后用私人电脑继续完成相关工作；这时，公司的信息与早已侵入员工电脑的恶意软件一起被存储到硬盘驱动器中，之后恶意软件采取行动，将雇主信息发送给窃贼。此外，恶意软件蠕虫病毒还会进入U盘，第二天上午员工把这个U盘插入公司电脑后，感染的病毒会在公司整个网络中传播扩散。自从新冠疫情大流行，越来越多的员工在家网络办公，这种个案很可能会扩大范围演变成灾难。（关于如何降低在家办公的固有风险，我们将在第五章探讨。）

公司治理

我们会在第五章和第八章讨论公司董事会和管理层面临的关于无形资产的信义责任。对于大部分企业，特别是上市公司，网络攻击（包括网络间谍）带来的威胁对公司治理提出了重要议题。2018年，美国证券交易委员会发布了最新的网络安全指引，尽管形式上是一个自愿采用的指引，但很多人认为这实际上是强制性指引。2013年，欧盟委员会发布了一项立法建议，要求企业评估信息安全风险并采取行动，并指出："行业应反思让CEO和董事会承担更多确保网络安全责任的方法。"2014年2月，美国商务部发布了《NIST网络安全框架》，详细说明了保护关键性基础设施的最佳实践方法，经2018年更新后，安全专家认为《NIST网络安全框架》会成为所有公司对信息进行审慎风险管理的事实上的标准。

随着信息日益成为公司最具价值的资产，信息管理也遇到了前所未有的挑战。在日新月异的环境中，信息资产不断面临新的威胁，企业本能地投入所有资源进行防御：警戒周边、控制移动设备、保持高度戒备。但上述举措忽视了一个细微但非常重要的转变——这是我对成熟公司如何履行信息管理职责的观察所得——信息最灵通的企业不再假定上述措施有用或是最应该做的事，也不会只注重把自己的信息封锁好并防止感染。在一个高度互联的商业世界，要达到近乎完美的安全标准非常困难，全球化竞争的需求使得这一挑战难上加难。"完全控制住"信息似乎是一种无用功，还可能是一种浪费，因为在当今环境中，把信息封锁起来就像把钱藏在床垫里，可能会剥夺企业通过他人的开发利用（无论是合作还是许可）获得额外收入的机会。

确实，管理层面临的一大问题是，如何最好地利用公司在已经开发的信息中可能具备的竞争优势。从纯技术角度看，这涉及如何处理那些值得采取严格知识产权保护的创新。传统的专利委员们会选择那些被认为值得投入成本和时间的发明，并在相关市场取得专利。但问题可能更复杂，部分原因是专利法已经修订，而且与过往相比，在为一项发明申请专利或作为商业秘密（全部或部分）保护的取舍上，人们的分歧更人。（商业秘密和专利之间的区别，以及如何选择适当的保密形式，请见第四章。）这意味着管理层需要更多地参与其中，首先要针对公司信息资产的开发利用制定一项优化策略，确定将公司信息资产作为商业秘密还是其他知识产权进行保护，以及直接使用还是对外许可。

信息管理的基本理念是：当代的信息管理不仅仅是保障公司信息不丢失和不受污染，尽管这些是至关重要的一部分。审慎的信息治理要求动态化的企业策略，可以识别出全部信息资产并设置确保信息资产得到适当利用的程序。完全的信息纯洁目前不可能实现，不仅因为技术原因，还因为共享或销售也是审慎管理的一部分。信息管理首先要了解你所拥有的信息资产，以及如何有效地使用信息资产并从中获利。你可能会惊喜地发现，信息管理可以为公司的业绩增色不少。

第二章

什么是商业秘密？

"驯服的蚕"

公元 550 年，两位内斯托里亚（Nestorian）的僧侣在为查士丁尼大帝完成一项使命后，回到了古都君士坦丁堡。僧侣们挂着从中国带来的竹手杖，沿着丝绸之路行走。丝绸之路是一条以中国有史以来最珍贵的商品命名的贸易路线，在当时就已经有七个多世纪的历史了。

数百年来，中国人一直在生产丝绸，并将其编织成柔软美丽的布料。传说一位皇后在花园的桑树下喝茶，一粒蚕茧掉进了她的茶杯，蚕茧在茶水中松散后变成一根根细丝。从细丝到布料的生产过程需要花费很多功夫，首先是选择最具繁殖力的家蚕进行育种。家蚕的成虫不会飞也看不见，除了繁殖和产卵什么都不做，它们会繁殖出成千上万的卵，并最终孵化成桑蚕。3 万只正常喂养和成长的蚕可以吃掉一吨桑叶，产生 12 磅重的蚕丝。

经过几代人的尝试，人们发现了一种可以解开茧结、分离蚕丝并将其缠绕成线的可靠方法。人们还改进了织布机，使这些细线得以编织成布料。在完成这些改进步骤后，一种比黄金更昂贵的产品随之诞生，这种产品受到国外精英阶层的高度追捧，以至于一度成为衡量贸易中其他所有商品价值的标准。

中国朝廷的官员们很快意识到这个产品的价值，他们小心翼翼地保护着垄断这个神奇产品唯一来源的地位，颁布命令搜查出境人员，凡有携带蚕者，当场处决。朝廷的命令颁布后，养蚕的秘密被封锁了几个世纪。

回到君士坦丁堡的僧侣们在他们的竹竿里藏了很多蚕，而且头脑里装着如何繁殖、喂养和使用蚕来制造丝绸的知识。作为中国以外的唯一蚕丝供应商，查士丁尼大帝同样知道丝绸能够获得巨额利润并守秘不宣。他将生产过程限制在国家拥有的车间内，工人在那里受到最严厉的威慑。直到 1453 年奥斯曼帝国洗劫君士坦丁堡，大批技术手工业者移居意大利，丝绸生产工艺才传到欧洲。

"被困威尼斯"

不仅是丝绸织工，玻璃制造商也逃离了君士坦丁堡，他们大部分迁移到了威尼斯，在那里，受保护的工匠团体已经在附近的穆拉诺（Murano）岛上蓬勃发展。这个中世纪的城邦国家采取了与中国相似的边境控制方式，但却采用了不同的路径。首先，他们封锁了国内市场，政府 1271 年颁布的"资本法案"（capitulary）规定，禁止进口外国玻璃制品或禁止外国玻璃制造商入境。二十年后，随着城市内部的商业繁荣，由于担心熔炉起火（或许还有来访的工业间谍），政府颁布了第二项法令，迫使所有的玻璃工厂越过环礁湖迁移到穆拉诺。1275 年，政府颁布了第三次法令（也是最终版的资本法案）规定，任何工匠都不能离开穆拉诺，违反这一规定将受到严厉处罚，因为他们掌握的商业秘密太有价值了。

从积极的方面看，在穆拉诺工作的工匠们收入丰厚，社会地位也很高，他们可以携带刀剑，享有免于被诉的豁免权，还可以与贵族联姻。此外，这些高度专业化和富有创造力的工人们联合在一起，通过鼓励特权阶层之间的共享来推动创新，就像今天的软件工程师在硅谷工作获益一样。每个家庭都以"秘籍"的方式将他们最好的玻璃制作配方或部分配方记录下来，这些秘籍被小心地传递给后代。

13 世纪早期出现的威尼斯行会系统、国家强制的手工业或商业协会使得商业秘密得以获得保护。政府赋予这些行会"特权"，而行会实际上是一个排他性的、自我延续的工匠俱乐部。为回报政府许可其进行集体垄断，行会同意服从一个旨在为广大公民创造经济利益的严格监管体系。在国家的监督下，行会进行自治管理，甚至在 1275 年通过法律将个体从业者限制在穆拉诺岛（更加易于管理）之前，行会就已经开始对商业秘密自行实施控制，这些控制措施包括禁止一个师傅挖走另一个师傅的徒弟。

　　欧洲文艺复兴时期，在法律的支持下，行会的迅猛发展萌生了一个新兴概念——"思想"（尤其是技术思想）。思想的价值与使用这些思想制造的实物价值截然不同。随着时间的推移，这一价值被称为"知识产权"，保密是实现保护知识产权的主要途径，但不是最终途径。

　　事实上，当君士坦丁堡的玻璃制造商在 15 世纪下半叶逃往意大利时，威尼斯正在引入一种控制和鼓励工业创新的新方法——专利。专利类似于颁发给行业协会的"特权"，因为专利权具有排他性，但它是在有限的时间（通常为十年）内授予个人的一种权利，这种权利作为把新技术带到威尼斯的奖励。而无论申请人是否是发明者，或者仅仅能够从国外了解到该项发明，重要的是他可以"引进"这种创新，并教给当地的学徒们如何使用它。专利由此产生，从商业秘密中分离出来。与强制执行保密承诺不同，国家要求专利最终向公众披露。

　　在接下来的几百年里，欧洲国家利用"进口专利"引进新技术。但对自己国内的成功产业，政府则更倾向效仿威尼斯的做法保护商业秘密，颁布法律阻止工匠移民，防止他们带走宝贵的知识或技术。美国则故意忽视上述一些法律，启动了自己的工业革命，并最终成为一个经济强国。

美国的工业革命：
基于对商业秘密的窃取？

　　1789 年 9 月初的一天，年仅 21 岁的塞缪尔·斯莱特（Samuel

Slater）在伦敦登上一艘船，开始了前往纽约的航行，他瞒着自己的家人，把自己装扮成一个简单的农耕工人踏上航行之旅。他撒了谎，隐藏在人们视线之外的是他手持的一份证书，证明他是棉纺织厂的新学徒。

七年前，斯莱特曾在父亲的朋友经营的一家位于德比郡的棉纺厂当学徒。对于纺织业而言，德比郡是当时的"硅谷"，采用的是理查德·阿克赖特的一项惊人发明，这项发明完善了棉纺的"水框"技术，使纱线在一次操作中可以同时在几十根纺纱机上纺出。事实证明，年轻的斯莱特在维修和调试机器方面极为擅长，雇主认为他大有前途。

斯莱特还有另外两个重要的特点：他雄心勃勃，而且记忆力特别出色。1789 年，他听说美国的纺织品制造商正在苦苦挣扎。当时，美国这个年轻的国家是世界上棉花的主要供应国，但美国只有大量的原材料，高利润的加工中心在英国，也就是阿克赖特（英国第一家棉纺厂创办者）获得巨额财富的地方。

在英国，通过传统的行会和严格控制的学徒制度，多数技术得以保护，并且制造的秘密可以被安全地分享。此外，与 13 世纪的威尼斯一样，政府帮助制定了一些极为严格的法律来保护商业秘密。到 1774 年，也就是在斯莱特离开英国前的 15 年，英国已经将纺织机械的出口和外迁定义为犯罪行为。

斯莱特首先来到纽约，并凭借他手中的学徒证书在一家纺织厂找到了工作。工作的第一天，他失望地发现工厂中的机器全部是手工操作的，而且是英国早已过时的技术。几周后，他听说一家制造商正在试图复制英国的机械化纺纱工厂但一直没有成功。斯莱特写信表示愿意为其提供服务，并强调了自己对使用阿克赖特"水框"技术的经验。

制造商摩西·布朗决定冒险一试，让斯莱特成为合伙人。斯莱特凭借记忆制作了很多必要的工具，并对自己的发明进行调试，在一年内成功地创建了美国第一家自动化纺织厂。

斯莱特的工厂取得了巨大的成功。到 1815 年，在方圆 30 英里的范围内，有 140 家工厂经营着超过 13 万个纺织机的主轴。这既是美国纺织业的起始，也可以称为美国工业革命的起点，颠覆了美国（以农业和原材料供应为主）与英国（以制造业为主）之间的主从关系。

人们对斯莱特记忆深刻，但评价各异。在美国，安德鲁·杰克逊称他为"美国制造业之父"，而在他的家乡德比郡，他被当地人们称为"叛徒斯莱特"。值得一提的是，斯莱特的妻子汉纳·斯莱特成为第一位获得美国专利的女性，该专利涉及她发明的棉线。

美国从英国窃取机密，从而在工业革命中抢先一步，这样说公平吗？答案也许是否定的。工业间谍活动在欧洲已经存在很多年，英国和法国尤其活跃，他们甚至利用外交官获取有价值的经营信息。如前所述，"专利进口"鼓励人们把好的想法从一个地方带到另一个地方。一百多年后，用于确认和保护他国知识产权法律的国际条约才得以确立。

由于人们以不同的视角来判断什么是"不公平"，所以这个问题永远无法得到解决。但有一件事是明确的，通过 19 世纪和 20 世纪的一系列法庭判决，一套强有力的保护商业秘密的规则在英国和美国或多或少地获得了并行发展。正是这种英国传统中的"普通法"，而非法典法，定义了现代商业秘密的概念。

商业秘密和普通法

据报道，美国最早的商业秘密案例是 1837 年在马萨诸塞州发生的维克里诉韦尔奇案（Vickery vs. Welch），该案与纺织品、蒸汽动力或钢铁无关，它涉及的是巧克力配方。韦尔奇同意把他的工厂卖给维克里，"连同他的……制造巧克力的秘密配方"。但在交易即将完成时，韦尔奇同意交付巧克力配方，但拒绝对配方承担保密义务，主张那样做会"限制贸易"。法院裁定，韦尔奇不泄露秘密的默示承诺，没有违反任何自由贸易原则，因为公众仍然会得到巧克力。

后来在美国发生的案件进一步巩固了这一观点，即现代企业需要商业秘密法，因为企业开展业务必须让员工接触到机密信息。与行会和家庭作坊制度下学徒的稳定性相反，工业化经济中劳动力的轻易流动意味着：就员工对秘密工艺、机器或其他经营信息的保密义务，法院必须做好强制执行的准备。一个半世纪以来，通过数百个公布的判决，以道德为核心基础的普通法得以确立——当你被信任去获得信息时，你必须尊重这种信任。

在此期间，在保护保密关系还是信息本身的问题上，法院偶尔会产生分歧。这种哲学辩论现在已经基本尘埃落定，答案是：两者都有。虽然保密关系是分析的起点，但信息本身存在着一种"产权"。事实上，商业秘密就像实物财产一样可以买卖、许可和征税。

1974 年，关于商业秘密是否与宪法确认的专利制度相冲突这一关键问题，美国联邦最高法院给予了关注。专利受联邦法律规范，专利制度通过公开披露原则鼓励创新。与 19 世纪流行的"专利进口"不同，现代专利制度为全新工艺或机器的实际发明者提供了排他性的、有期限的权利。那么，联邦专利制度与州法院通过"普通法"判决保护的商业秘密如何共存呢？

在 Kewanee 石油公司诉 Bicron 公司一案中，最高法院认为两种制度是兼容的，并提供了非常实际的解释。如果没有商业秘密法来执行保密承诺，企业将被迫进行"自救"，将发明控制在企业内部、筑更高的围墙、用更坚固的锁、雇佣更少的人，以降低不必要的披露风险。但这种方法根本行不通。此外，法院继续解释到，只有专利法提供排他性保护，所以如果一项发明有资格获得专利保护，只有失去理智的发明者才会选择"较弱的"商业秘密保护。在最后一点上，法院是错的，但这并不重要。商业秘密法与专利制度并存了近200年，让企业有机会在两者之间做出选择的做法是行之有效的。（在第四章中，我们将更详细地探讨如何在专利和商业秘密之间进行选择。）

加强商业秘密保护的积极矛盾点在于，它可以促成更多的技术转让，企业会通过许可、设立合资企业或其他合作方式来传播技术秘密。商业秘密制度的好处在全球化、相互关联的经济中尤其重要，因为只有通过与那些值得信任、能够被强制执行的其他人合作，创新才越来越有可能。

对劳动力的流动性和自由竞争进行保护，是影响大多数商业秘密案件判决的一项限制性原则。如果使用商业秘密法来"锁住"员工，那么社会和经济将遭受损失。因此，法院非常谨慎地区分公司的专有信息和员工的一般常识。例如，一名软件工程师在刚开始工作时，只知道如何有效地编写代码。这种技能会随着时间的推移而提高，在离职时，由于知识"工具箱"的扩充，他对下一个雇主更有价值。当然，员工不能把在工作中设计或学到的特定的、机密的结构和算法带走。

商业秘密的黑暗面：
躲在保密协议后面NDAs（Non-Disclosure Agreement）

一本引人入胜的名为《坏血》（*Bad Blood*）的书籍和一部有趣的名为《发明家》（*The Inventor*）的纪录片讲述的主题是血液检测公司Theranos的惊人的失败故事。主人公是伊丽莎白·霍姆斯，这位曾经红极一时的神童，在19岁时从斯坦福大学辍学，希望用一种可以用手指上的几滴血进行数百项诊断测试的设备来"改变世界"。这个故事发生在一家创业公司，由好莱坞制作，故事中充满了谎言、欺骗、威胁和性爱。

Theranos 公司拥有一个由名人组成的董事会，但没有科学家。公司通过演示其"爱迪生"实验室设备，从投资者那里筹得了数亿美元的资金。这些演示受到保密协议的严格控制，表面上是为了保护公司内部的革命性技术。但结果证明，这些演示是伪造的，这项技术根本没有作用。公司最终倒闭，随之而来的是刑事欺诈指控。

这家初创公司的部分魅力在于其过分保密所带来的神秘感。员工之间彼此孤立，使他们无法发现欺诈行为。新的开发项目使人们一直在猜测，真正的突破性技术是否正在隔壁房间得到实现。与此同时，霍姆斯用充满热情的"我们与他们对决"的演讲驱散了怀疑，而这些演讲旨在保持士气高涨和信仰饱满。

当然，商业秘密的"阴暗面"（法律对机密信息的保护被不正当利用）并不仅仅体现在 Theranos 公司。保密协议被谴责阻碍了员工的自由跳槽（仍缺少实验论据），因为公司担心员工会无意间滥用公司机密信息。最近发生的一个臭名昭著的例子是，保密协议成为"反性侵运动 #MeToo"对话的一部分，成为一种压制真相的机制，用来掩盖权利滥用的受害者声音。

法律包括了防止或减轻不当后果的方法。法院通常会行使自由裁量权，支持员工的自由流动。如今，对那些希望向当局举报非法行为涉及的机密信息的人，联邦法律提供了强有力的保护（参见第十一章）。事实上，在很多方面，Theranos 的故事告诉人们，与其归咎商业秘密保护的危险性，不如强调善政和监督的必要性，并以此来对抗贪婪和傲慢。

人工智能

商业秘密对人工智能的影响近期成为公众关注的领域。人工智能凭借功能强大的软件工具几乎接近能够模仿人脑的程度。尽管人工智能对人类产生积极影响的潜力显而易见，但很多人担心，计算机在运行过程中会以未知的方式做出生死攸关的决定，或者提供给法官进行裁决的信息本身可能存在固有的偏见。

针对影响个人的技术所产生的担忧，公众以及越来越多的政府部门作出的普遍反应是，要求所有在工具中使用人工智能技术的公司保持"透明度"。在这里，我们陷入了许多先进技术面临的共同困境，一方面，我们需要鼓励创新为人类提供新产品和服务；另一方面，为了让必要的资金和风险投入得到回报，我们还需要保护机密信息，以便创新者能够收回投资。目前政策问题尚未解决，在这一领域寻找应用人工智能新方法的人，需要意识到存在的监管风险。

是什么让商业秘密受到保护？
具有竞争优势：保密 + 合理努力

商业秘密究竟是什么呢？简单来说，是任何你不希望竞争对手知道的事情。我总结的另一项经验法则是，在大多数情况下，它们是"商业上有用的想法"。稍微长一点且技术性更强的答案是：任何能给你的企业带来竞争优势的信息，这些信息是不为人所知的，而且你必须采取合理的措施对它们加以保护。

如果你觉得这是非常宽泛的信息，那么你说对了，的确如此。保密的好处之一是可以保护你的竞争优势。但在如何保护、管理和利用这一优势方面，它也是你将面临的挑战之一，因为你必须了解自身的优势，抓住优势并保持领先。如果你做得好，就能够获得巨大的回报。

让我们暂停一下把事情简单化。你可能听说过其他用来指代商业秘密的术语，如专有技术、机密信息或专有数据，而国际条约使用的是"未经披露的信息"。所有这些都是对同一事物的表述，你可以放心地将其中任何一种表述与其他表述互换使用。一些律师（和法官）可能会试图辩称说，有些"保密信息"并没有"上升到商业秘密的程度"，但这些观点来自于旧版本的法律。在现代法律下，大量的信息都可以被称为"商业秘密"。

无论你参与制造薯片还是硅片，无论你卖的是肥皂还是软件，你拥有的商业秘密可能比你想象的要多得多。看起来最鸡毛蒜皮的小事都可以被定性为商业秘密，比如，你用来计算报价或运营生产线的方法，或者你对一个重要客户最喜欢哪个品牌的葡萄酒的了解，所有这些对你来说似乎都不太重要。你可能只花费了很少的钱或很少的精力就获得了这些信息，或者只是你偶然发现的信息，你也许甚至不知道它们为什么会起作用。但这些信息是你所拥有的，它们能够让你比竞争对手更具优势。除非你处于垄断经营的特殊位置，如果你把商业秘密无偿地送给竞争对手或让它闲置在"库存"中，那将是巨大的浪费。

失败是有价值的

即使是"负面"信息，也有资格受到保护，比如哪些东西不起作用或效果不佳的信息。在这方面，最好的例子是在实验中获得的信息。托马斯·爱迪生有句名言："我没有失败，我只是发现了一万种行不通的方法。"在使用不同材料进行了数百次的灯丝实验后，他将注意力集中在了碳化细丝上。那时，他有两个商业秘密：第一，最好的材料是什么；第二，已经尝试过的其他材料是什么。为什么这些是可以受到保护的信息呢？因为这对那些想要迎头赶上而又不想花时间和金钱自己做实验的潜在竞争者来说很有价值。这一原则同样适用于制药和生物技术等以研究为基础的现代行业。在这些行业中，为了研制出一种成功的新药或治疗方法，可能需要对数千种甚至数百万种化合物进行测试。当一种候选药物未能达到预期的效力时（这是最常见的情况），公司并不会把它们搁置和忘记。相反，公司会继续投资于问题所在之处，并对其进行严格分析。公司收集的所有数据都是宝贵的商业秘密。

商业秘密不具有排他性

商业秘密的另一个重要特点是：不具有排他性。只要信息在相关行业中不被普遍所知，那么其他个人或公司都可以"拥有"这些相同的信息。假设有 50 家全球竞争对手生产高质量的金属管材，其中的两家公司独立地发现了在极端温度下提高产品性能的相同制造工艺，其中一家公司将该制造工艺流程授权给第三家公司使用。那么，这三家公司都可以要求保护其商业秘密的合法权益。现在让我们假设 10 年过去了，在这段时间里，又有 5 家公司通过自己的研究发现了这个工艺。在最初的 3 家公司工作的员工和顾问，虽然都签订了保密协议，但已经跳槽到其他竞争对手那里工作，并且已经分享了足够多的信息使得另外 10 家公司都能够研发出几乎相同的工艺技术。其中的一家公司还发表了一篇论文，描述了大部分的信息，还有几家公司声称对管材产品进行了逆向工程，并弄清楚了它是如何制造出来的。这种情况下，法院可能会认为，信息已广为人知，不再是可以受到保护的商业秘密了。

这个例子告诉我们，与不动产或实物等其他财产相比，商业秘密是脆弱和短暂的。这是我们在考虑信息资产管理时应当关注的一个重要原则：信息资产可能会随着时间的推移而退化，而且通常会以不可预测的方式退化。一位非常资深的政府官员在谈及军事问题的时候，曾告诉我说：没有永久的秘密，泄密，无论是缓慢的还是快速的，都是生活中的事实。我们可以从中得出的启示是：优秀的管理者能够分辨出高价值、可持续的秘密，并将注意力集中在回报最大的秘密上。那些热衷于保护一切的人很可能不但无法保守自己的秘密，而且会在经营上更失败，因为过度保护的开销将蚕食利润。

你可能会说，有些秘密是无法破解而且非常有价值的，比如可口可乐的配方。事实上，可口可乐公司在竭尽全力保护原始配方，该配方被保存在亚特兰大的一个非常昂贵的保险柜中，只有少数高管知道。通常来讲，食谱是一个非常重要的商业秘密，因为配料很多而且烹饪时间不同，几乎不可能从成品中确定制作方法。在互联网上，你会发现，许多年来人们一直在试图发现可乐配方的证据（有人声称，可乐的配方是在其发明者留在书中的手写笔记上透露的）。但是没人能够证明该配方已经被复制，因为原始文件已经被封锁保管。因此，可口可乐公司不仅继续受益于其产品的良好口感，而且还受益于围绕其产品配方产生的神秘感。

在商业秘密法课堂的第一部分，我会问学生一个问题：假设可口可乐公司最有价值的商业秘密不是可口可乐的配方，而是其他东西，那这个秘密可能是什么呢？从来没有人给过我想要的答案。我的答案是：最重要的秘密可能是，公司正在使用其他配方来制造可乐，所有的安全防范措施都是为了维护这个神秘感和消费者对独特历史事物的浪漫感觉。当然，我们知道最初的可口可乐包含可卡因，这是一种很久以前就被放弃的成分。但是，除了这个转变，可口可乐的公关人员希望人们相信我们现在喝的是"经典"配方。（1985 年，当公司试图推出"新可乐"但最终以灾难性的结果告终时，他们从印象的重要性中吸取了教训。）因此，让我们假设可口可乐并没有真正使用旧配方，那么，是什么让那些公关人员夜不能寐呢？他们的担心是：百事可乐也许会以某种方式证明这一点。这是一个不希望竞争对手知道你商业秘密的简单例子（只是一个假设的事实）。商业秘密不一定要复杂。

技术信息与经营信息

商业秘密主要有两类：技术信息和经营信息。之所以使用这个分类，不仅是因为它们简单且合理，而且因为每种类别都有其自身的特点。当你识别自己拥有的信息时，特别是在考虑如何最好地保护和管理信息时，这种区别非常重要。

技术信息可以包括机器、设计、配方、制造技术，甚至是一种经营方法，比如控制互联网上商业交易的过程。你可能已经明白什么是可以申请专利的发明，尽管可以申请专利的信息一般都属于"技术"的范畴，但反之则不然。事实上，大多数技术思想和信息都不能申请专利，却仍然可以被认定为商业秘密。以下是一些法院将技术认定为商业秘密的示例：

一种结构混凝土的搅拌方法

- 一张电子电路图
- 计算机软件的源代码
- 一份饼干食谱
- 拉伸钢丝的工艺过程

专有的经营信息与如何赚钱以及如何计划赚钱有关。这并不一定直接适用于其他企业，但其他企业知道这些信息可能会帮助他们有效地竞争。以下是一些可以保护的经营信息的示例：

- 客户名单
- 营销计划
- 竞争性研究
- 财务报告
- 密封的投标书

（有时，技术信息和经营信息这两个领域会有一些重叠，比如在应用特定技术的成本和利润率方面的数据。对这些信息保密，会让其他人不知道应该把精力集中在哪里才能与你竞争。）

请停止阅读几分钟，想一些在你的业务中这两种信息不那么明显的例子。尽快列出你认为属于公司或部门的技术信息和经营信息。请记住，"专有"并不意味着它必须是只属于你的，只要它不像物理或数学原理那样广为人知，它就是"专有"的。另外，它必须能给你带来竞争优势。并且请记住，许多"显而易见的"或众所周知的想法可能是你的商业秘密中独特或不寻常组合的一部分。

这里有一个图表，可以帮助你理解什么是商业秘密，什么不是。

不属于商业秘密的信息：个人技能，众所周知的信息，容易确定的信息

请密切关注三角形外部的三个区域，这些区域代表不能被视为商业秘密的信息。首先是个人技能。还记得那个学会了如何高效编写代码的计算机程序员吗？同样地，随着时间的推移，水管工、销售人员、实验室科学家、工程师、医生、财务顾问、心理学家、经理、秘书和机械师都通过学习所谓的"行业诀窍"或"隐性知识"而在工作中变得更优秀。每位员工都有权保留这项技能并在下一份工作中使用它，雇主不能把真正属于个人技能的东西标记为企业的商业秘密来进行干涉。然而，这可能是三个领域中最难界定的，在这个问题上，法官的结论很可能倾向于保护员工。

第二个不属于商业秘密的领域是众所周知的信息。这曾经是在商业秘密诉讼中最具争议的部分，就某些晦涩难懂的技术是否属于公有领域，专家们争论不休。如今，随着互联网搜索引擎的出现，很多问题都可以轻松快速地找到答案。然而，当涉及最复杂的技术种类时，这个问题显得尤为重要。

即使你不能在网上或教科书上迅速找到信息，通过公开的资料或产品本身往往很容易弄清楚。例如，有一种特殊的照相机，其内部结构可以被一个熟练的机械师在两三天内拆开并掌握其中的工作原理。此外，通过人工从电话簿中挑选出带有特定前缀的号码，可以得到一份潜在客户群的名单。在这些情况下，发现或复制这些信息所需的时间微不足道，以至于法院不会费心去保护这些信息。这种信息被称为"易于确定"的信息。相比之下，一个非常复杂的软件产品或电子电路可能需要几个月的时间借助"逆向工程"揭示其中的秘密。这种情况下，就可能被认定为商业秘密，但保护期限会被限制在逆向工程所

需的时间内，也被称为"先发制人"阶段，因为秘密的拥有者至少有权获得正当破解秘密所需时间的保护。

请记住，在上述三个领域中，可保护与不可保护之间的界限非常模糊。对那些最有价值的秘密，诉讼可能会持续数年之久，争议的焦点是，它们在法律保护的界线之内还是在界限之外。

请不要以为上面的图表是按比例画的——事实上，商业秘密的范围要远远大于专利权保护的范围，而且没有人知道受保护的技术信息与经营信息之间的比例。但我们可以肯定的是，无论你的业务领域是什么，你的成功都取决于对你拥有的信息的保护，而这项工作首先要确定谁拥有这些信息。

第三章

谁拥有商业秘密？

1990 年的一个冬日，一位潜心研究的日本工程师在做晶体生长实验的过程中发现了令人震惊的结果，这一结果为他的雇主带来了一大笔财富。这位工程师最终因此获得诺贝尔物理学奖。

　　中村修二在离开大学的时候，作出了一个不同寻常的选择。他拒绝了日本著名制造业巨头京瓷公司（Kyocera）提出的终身雇佣邀请。相反，为了离妻子家更近一些，他选择了日本内陆地区的一家小型化学公司日亚（Nichia）。日亚公司生产磷光剂，一种用于电视阴极射线管上的发光材料，在当时也运用于电脑显示器上。日亚指派中村修二研发新产品，修二已经为日亚的这个项目工作了十年以上。但是，修二的梦想是破解蓝色发光二极管的秘密。发光二极管采用了半导体技术，并且只需少量电流就能产生一种高效的冷光源。得益于 1962 年通用电气公司的尼克·何伦亚克（Nick Holonyak）的开创性发明，人类当时使用红色发光二极管已经有一段时间了。虽然这些灯泡有助于手表和电子设备上的数字读取，但是为了使用一般照明所需的发光二极管，仍然需要一种亮蓝色的发射体，这种发射体与一种黄色磷光剂结合后会形成白色的光。如今，从汽车前灯到家用照明系统，这些设备随处可见。但在 20 世纪 90 年代，世界上最大的几家研发公司努力多年，却依然无法发明亮度充足、持续时间更长的蓝色发光二极管。

　　修二首先发明了这种蓝色发光二极管，由于非同寻常的决心和日亚创建者对他的信任，修二或多或少可以自由购买研发蓝色发光二极管所需的昂贵设备与焊锅。尽管后期修二需要与看上去更怀疑他工作的新管理层不断周旋，但自从 1990 年的那次实验之后，修二知道自己的工作已进入了正轨，到了 1992 年的秋天，修二研发出了一个产品模型。一年后，日亚这家相对而言不那么出名的公司宣布，日亚正在大规模生产第一代的蓝色发光二极管，所有人——尤其是那些过去一直竞相研发蓝色发光二极管的大型知名公司——都震惊了。

与此同时，修二申请了核心专利。根据日本法律规定，修二申请的核心专利属于日亚，因为修二的发明属于职务发明。修二本人获得了不足 200 美元的奖金。而且，日本的社会文化不认可员工为了分享职务发明创造的财富小题大做。但随着时间的推移，修二越来越难以拒绝其他公司和大学的聘任邀请了。

除了专利以外，这些微小设备的成功生产依赖于日亚尽力保护的许多秘密。1999 年下半年，在得知修二要辞职去美国工作之后，日亚感到了危机。尽管修二离开日亚是为了在加利福尼亚大学圣塔芭芭拉分校担任教授，但是，第二年日亚就发现修二已经同意为美国科锐（Cree）公司——日亚在蓝色发光二极管供应中的主要竞争对手——提供咨询服务。日亚将修二和科锐诉至北卡罗来纳法院，主张商业秘密侵权。

这场商业秘密诉讼案件持续了两年，最终因为证据不足被法院驳回。但与此同时，修二将日亚反诉至东京地方法院。他诉称，授予日亚的专利实际上应当属于他个人，因为日亚管理层曾经让修二停止 LED 的研发工作，研发的成功完全依赖于他个人的坚持。日本法院驳回了这一观点，判定日亚是该专利的合法所有权人。然而，法院接受了修二的第二项诉讼请求，即根据日本法律，修二应当为自己的发明获得特别补偿。

不同于美国，在日本，做出发明的员工应当为他们发明的专利得到"合理补偿"，即使员工已经获得了工资薪水。日亚一直以来仅付给修二普通的小额奖金，但修二主张，创新中的独特性，以及他独自完成专利研发所需克服的困难，需要更多的补偿。2004 年 1 月，东京法院法官判决日亚支付给修二 200 亿日元，约合 1.9 亿美元的补偿金。在此之前没有任何员工提出如此大胆的索赔主张，这一赔偿数额震惊了日本产业界。尽管该案最后以 800 万美元的赔偿金告终，它依然创造了一个纪录。

从这个案件中，我们可以吸取到一些经验教训，包括提起商业秘密诉讼的风险，这一点在第十章中有更具体的讨论。但对于那些在全球市场中经营的公司而言，应当从这个案例中意识到，在所有权归属、必要补偿、职务发明方面，各国法律差异的重要性。除了日本外，德国、韩国和中国的法律都做了补偿职务发明人的特别规定。

所有权的一般规定

首先，我们来了解美国在这方面的法律规定。虽然美国有更自由的市场，但它有自己的规定，企业需要了解这些规定，从而理解谁是重要信息的所有权人。

这些规定不仅对处理员工关系很重要，在处理与任何其他商业伙伴的关系时也很重要，这些商业伙伴包括公司顾问、合伙人和客户。第二章介绍过商业秘密的灵活性和相对的非正式性。几乎任何类型的信息都可以成为商业秘密，只要这些信息能够带来竞争优势、不为他人所知，并被采取合理措施予以保护。权利人不需要向政府提交任何申请或注册，谁发现了这个秘密，谁就可以拥有它。然而，商业秘密的最大缺点是缺乏排他性，商业秘密的所有者无法阻止其他人使用该秘密，只要他人是独立发现的该秘密，或是通过"逆向工程"合理取得该秘密（参见第七章关于逆向工程的详细内容）。

商业秘密可以同时有多个所有人

商业秘密有其独特之处——可以不止一人拥有相同的商业秘密。在第二章中，我们假设有 50 家制造特殊金属管材的公司。起初，其中一家公司发现了改进传统制造流程的诀窍，并提高了10%的生产率。之后，其他四家公司通过独立试验发现了同样的诀窍（这在新技术的开发过程中经常发生）。现在，50家公司中有五家都"拥有"这个秘密，结果会如何？首先，这个秘密的价值会降低，因为竞争优势没有那么大了。其次，这个秘密更容易丢失，因为这五家公司中的任何一家都可以免费公开这个秘密。我们假设随着时间的推移，其他公司继续试验，员工从一家公司跳槽到另一家公司，这个秘密开始被行业内越来越多的人使用，逐渐为众人"周知"，最终无法再被任何人作为商业秘密取得保护。

因此，拥有商业秘密与拥有物理财产不同，你也许能够非常幸运地永远保守这个秘密并持续利用它，就像可口可乐的配方一样。但总体来说，这仅仅意味着，在信息仍然属于商业秘密的时候，你有权阻止他人非法窃取该信息。

合作、保密以及合同

在如今万物互联的世界，大多数有用的信息是通过共同努力创造的。即使是被一些人描述为"单独"发明家的中村先生也得到了其雇主的经济支持，并获得了日亚同事们的帮助。如今，公司与他人合作创造有价值的数据是非常普遍的现象。

谁拥有合作发明获得的知识？首要因素是这种合作关系是否是保密的。如果一个陌生人走过来对你说："你好，听听我的这个好主意吧"，并告诉你一些有用的东西，他就失去了对这一信息的控制，而你则可以自由使用。因此，为了保护秘密，首先必须存在保密关系。最常见的一种保密关系是雇主和员工之间的关系，但公司也可以和其他公司存在保密关系。

在设定保密义务（obligation of confidence）方面，合同并非绝对必要，但确实有帮助。法院经常强调保密关系可以在不同的"情形"下产生。举个例子，一个客户要求其供应商调整一种特殊的熔炉，即使没有保密协议，长期密切的合作关系也意味着该供应商负有保密义务，应当禁止供应商使用客户的信息为他人生产同样的熔炉。这里需要注意的是：基于类似的事实，其他一些法院得出了相反的结论。因此，在商业关系中，想要确保信息的所有权清晰且可预测，需要订立书面合同。与其他国家进行合作时，这一点尤为重要，因为其他国家的风俗和法律可能会有巨大差异。

谨慎签订合同是避免与合作伙伴发生纠纷的关键（参见第六章）。这一点不仅适用于咨询公司，也适用于其他参与（或多或少）联合开发项目的公司。这些公司通常会带着自己的商业秘密结成合作伙伴，这种合作创造了更多有价值的信息。在合作关系结束时，必须决定新创造的信息的归属，有时候一些信息会单独分配给一家或几家公司，而另外一些信息则由所有公司共享。这种情况下很容易产生误解，为避免该风险，应当在一开始就仔细确定信息的归属、共创信息的处理方式，以及如何管理整个流程，以确保合作平稳推进。

职务发明协议

员工是大多数商业秘密的创造源头，合同对员工也很重要。美国采用的一般规则是：员工享有在工作中个人发明的所有权。但大多数雇主的普遍做法是，通过签订合同要求员工放弃这一权利，雇主向员工支付的工资就是对价。通常在员工入职时，就要求他们签订这个协议。此外，该协议还包含员工的保密义务，有时还会包含竞业禁止条款。（附录一提供了这个综合协议的范本；详细内容参见第六章。）

员工发明协议通常这样表述："员工同意并在此将其在创意、发明和改进方面的全部权利、所有权和收益全部授予并转让给公司或其代理人……"

这些协议并不意味着雇主拥有员工的一切想法。首先，请记住，没有人可以主张自己在一段时间积累的一般技能和知识是商业秘密。其次，如果员工入职时知道前雇主的秘密，那么这些信息需要保密，不能用于新的工作中。我们看一个典型的例子：山姆从大学毕业，学到了一些基础知识后离开学校，他手上没有秘密，可能也没有多少技能；但在他的第一份工作中，山姆可以提升自己的技能，学习更多的常识，可能获悉甚至为公司创造有价值的秘密。这一过程贯穿山姆的多份工作中，因为他不断充实个人的"工具箱"并获得了一系列的秘密。对山姆而言，这是个挑战，因为他必须有效地在大脑中划分独立区域，存放可自由使用的信息以及前任雇主的秘密。

如果你是山姆的新雇主，这种情况可能会让你有些担心，这种担心是有充分理由的。保守秘密的最好方法就是让员工永远不要离职去其他地方工作。尽管中世纪的威尼斯可能做到，但当今时代，员工在职业生涯中平均会换十一次工作。流失员工的公司如何才能确保公司秘密不会因此被泄露？如何确保新员工获悉的前雇主的秘密不会污染公司的信息库？坦白来说，公司无法确保这一点，只能致力于降低这种风险。

硅谷取得了极大的成功，很大程度上是因为员工可以容易地换工作。众所周知，信息不可避免地会有"泄漏"，而事实上，初创企业能够成功，一部分原因得益于其员工从其他公司带来的专业知识。经济学家认为，这将为社会整体带来好处，因为创新会蓬勃发展，新产品的发明也会更快。经济学家将硅谷和马萨诸塞州的经验进行了比较与论证。环绕着波士顿的 128 号公路地区，马萨诸塞州很早就在科技行业获得了成功，但随着时间的推移，其影响力一直无法与西海岸的竞争对手硅谷相匹敌。这种现象的形成原因无法确定，但学者指出，在 2018 年修订法律之前，马萨诸塞州认可限制性的竞业禁止协议，但加利福尼亚州拒绝承认这些协议，从而创造了"高流动性"的劳动力，为创新提供了温床。当然，这并不意味着加利福尼亚州没有保护商业秘密的规定，准确的说法是：加利福尼亚州只认可保护商业秘密的协议，而不认可限制员工自由择业的协议。关于发明的所有权的基本规定有以下三条：

1. 除非"受雇进行发明"，发明的所有权均属于个人所有

首先，发明人拥有对其发明的所有权。对这条一般规则的最主要的例外是"受雇进行发明"的员工，他们的工作职责已经包含了可能的知识创新，因此这些员工所产生的任何想法或发现均属于向其支付薪水的公司所有。这意味着，实践中，大多数在职务中创造的发明属于雇主，这不仅适用于可申请专利的发明，也同样适用于由员工创造或收集的其他有价值的信息。如果有"知识工人"，那么就有潜在的商业秘密创造者，如果知识运营是工作的一部分，那么他们的产出就属于雇主。

该"职务发明"规定也适用于顾问和临时雇员，但这种情况下的协议条款具有重要作用（参见第六章）。该协议条款也可以适用于级别较低的员工，只要双方的协议（或岗位规范，有时会写在员工手册中）对此预期有明确约定。对于那些高管（如经理和执行官），由于他们对公司负有忠诚义务的特殊责任，即使没有协议，也可能需要将发明转让给公司。

2. "实施权"

第二条规定适用于非受雇进行发明创造的员工，但他们利用了雇主的资源进行发明创造，例如实验室设备、机器和办公用品（但铅笔

和纸、有限的计算机使用和废弃材料不计算在内）。这种情况下，假设员工没有使用公司的秘密，则可以受益于一般规则享有发明的所有权。然而，作为对雇主提供间接帮助（有时雇主并不知情）的对价，雇主获得了针对该发明的"默示许可使用权"，即雇主有权使用，但不能出售或允许其他任何人使用该发明。例如，新秀丽（Samsonite）有一名车间领班，从未与新秀丽订立过发明协议，设计出一种新型的软边行李箱。法院裁定该领班拥有发明的所有权，但新秀丽拥有使用权，可以将该发明设计商业化。另一个案例中，一位受雇主临时指派在糖果公司玛氏（Mars）工作的员工，利用玛氏的材料，并根据同事的建议，发明了一种新的巧克力喷雾泵。尽管他没有直接受雇于玛氏公司，但法院仍然裁定玛氏公司享有"默示许可使用权"，而且该员工的雇主不能阻止玛氏公司使用该发明。

3. 员工享有所有权的发明

第三条规定适用于关系简单的情形：并非受雇进行发明的员工，利用自己的时间和精力在私人场地工作做出的发明。该规定的建立基于如下事实：向美国专利和商标局申请专利的申请人中，有近30%来自于这些成千上万个独立发明家。这也反映了"工匠"在美国历史和文化中的特殊地位。

当然，现实生活总是无法完全套用这些规定，随着时间的推移，采取以下两种方法可以更好地确定发明权的归属：协议和法规。第六章将更为详细地探讨本章前文所提及的发明协议。发明协议适用于全国，通常作为涉及内容更广泛的合约一部分（见附录一中的示例），这类合约确立了保密关系，约定员工将发明权转让给雇主，有时也包含了对员工离职后的竞业限制条款。但在所有权问题上，比较有争议的可能是"延期条款"（holdover clause）。

"延期条款"

因为员工通常比其他人更了解自己的创意，所以他们总有机会将这些新创意保密，直到离职后在下一份工作再透露，以此钻制度的空子。有一个案例，离职的员工在离职后仅四天就提交了一份新化合物的专利申请，并声称这是巧合的"灵光一现"。（法官没有接受这一主张）。

大多数情况更为模糊，"延期条款"的覆盖范围被扩展，将员工离职后一段时间内的任何发明都包含在需要转让给前雇主的专利中。类似于竞业禁止协议，"延期条款"是一种保护商业秘密的粗暴工具，因为它可能会给善意的发明人带来很多附带损害，由于新雇主不愿承担这一限制性条款带来的风险，这些善意发明人难以找到新工作。因此，法院通常不太认可"延期条款"的效力，只有在符合严格的时间和主体限制条件下，才会强制执行该条款。

员工发明法

几十年前，立法者们开始担忧雇主的手伸得太长，试图把富有创造力的员工大脑"封闭起来"，即使员工们并不在工作岗位上。这导致一些州——包括加利福尼亚州、特拉华州、华盛顿州、北卡罗来纳州、堪萨斯州、伊利诺伊州、明尼苏达州和犹他州——通过了保护"员工发明家"或"车库发明家"的法律，旨在保障个体以自己的名义进行发明创造的基本自由。各州法规虽然略有差异，但它们否认了那些与法规有冲突的协议，并确认了员工对任何在工作时间之外创造的发明所享有的权益，这些发明没有使用公司的资源或秘密，与雇主的实际或预期的工作无关。许多条款要求公司将这些权利告知员工，附录一中第 4 段提供了一个例子。

客户信息

虽然本章主要关注的是发明创造，但需要注意的是，法律保护各种有用的、非技术性的信息。最常引起争议的一类信息是客户名单。在许多行业中，诸如房地产行业、保险经纪行业和其他服务行业，公司与客户之间的关系是业务的关键。事实上，这种对持续商务往来的预期被称为"商誉"，通常作为一项资产计入公司账目。公司通过员工进行经营活动，员工成为客户的联系人，这可能导致客户忠诚度从公司转向个人。即使没有个人联系，能够带动很多业务的客户偏好信息也代表着一种资产，当员工离职加入竞争对手时，这种资产可能会流失。在这种情况下，客户信息的"归属问题"有时会很复杂，因为其中一些信息可能是由离职员工提供给新公司的。

虽然科技公司窃取产品设计的诉讼会成为头条新闻，但实践中反复出现的大量商业秘密诉讼针对的是客户数据。而且因为它通常会干扰（或认为会干扰）个人关系，诉讼可能会非常情绪化。强烈的情绪在一定程度上是由常见的误解造成。许多员工认为"拿走自己脑子里的东西"是完全正确的，但几乎没有例外地，一份员工记忆的客户名单与写在纸上或存储在 U 盘里的名单一样值得公司保护。许多雇主则错误地认为离职员工无权使用他们在上一份工作中所学到的东西，或者参加竞争必定是一种非法的背信弃义的行为。（第十章将详细讨论商业秘密纠纷中的情绪问题。）

客户身份

法院究竟会保护哪些客户信息？某些情况下，单纯的客户身份被视为商业秘密。另一些情况下，需要保护的是客户的相关信息，无论这些信息是独立的，还是与客户的身份相结合。早期诉讼案件的重点是客户身份。但是，当公司的名称可以从黄页或互联网上轻易获得时，是什么让客户名单成为了"商业秘密"呢？答案是：只有那些难以整合的名单才有资格成为"商业秘密"，而且这些客户名单中通常包含了潜在的客户群体，经过仔细研究或根据经验，可以判断出哪些客户更有可能购买或继续购买企业的产品。

有这样一个案例，一家企业长期收集信息，知道哪些慈善机构是"真实的"，哪些是可疑的或欺诈性的。这家企业把收集的信息出售给慈善组织、商业或民间组织，这些组织的目标可能是慈善募捐。本案中的被告是一名员工，多年来致力于拓展这项服务的用户，当他离开公司从事竞争业务时，立即争取到了他为前雇主带来的 90% 以上的新客户。法院颁布了禁令，判定这些客户的身份构成了"优先名单"，即经过筛选并证明有意订阅的用户名单。

当某一员工从零售市场跳槽到批发市场时，这一标准较难满足，因为从公共信息（比如商业性出版物或信息越来越多的互联网）中甄别客户更加容易。此外，由于批发市场的客户经常从多个供应商购买类似的商品，前雇主不太可能因为离职员工招揽其客户而放弃业务，法院对此也不太干预。

区分"客户"和"决策者"很重要。虽然从公共信息中可能很容易甄别企业客户，但通常很难确定在客户的组织内部，具体是谁有权决定交易或交易的规模。因此，这些人的身份有时可以作为商业秘密得到保护。

但需要记住的是，商业秘密不是一项排他性的权利。对客户信息的保护与对技术秘密的保护相似。如果前雇主的客户身份被独立发现，离职员工完全可以开拓前雇主的客户（假设不存在有效的竞业禁止协议）。员工可以从头开始建立一个新名单，新雇主也可以把自己的客户名单提供给员工。在商业秘密案件中，关于公平与不公平竞争的问题，情况的外在表现非常重要。如果前员工拉拢客户的速度或是对客户的精准选择让法官认为他使用了机密的客户名单，那么法官就可能会发出禁令，即使这个名单是员工独立开发的。

客户需求、偏好和习惯

即使客户的身份不能作为商业秘密得到保护，员工可能已经取得了大量的客户信息，比如，客户的个人需求和偏好。所有的销售人员和大多数法官都知道拨打陌生电话与争取潜在客户之间的区别。当一名掌握了潜在客户名单的员工离职时，法院可能会介入，禁止其使用该信息。

事实上，客户的具体需求、偏好和购买习惯等信息可能是很多企业的核心资产。这里的"需求"是指顾客对特定数量或类型的产品或服务的要求。可能包括客户不喜欢的产品或服务，也可能包括客户对其他类型产品或服务的需求指标。"偏好"包括客户偏爱的送达方式（成功的报童知道有些客户要求把报纸放在门廊上，而不是车道上）、定期提供的相关服务，或者客户通常会接受的特殊合同条款。"购买习惯"包括客户的预期业务量、购买频率和价格敏感度，所有这些因素都可以让企业获利。在知道哪些是最有价值的客户后，企业可以集中精力在这些客户上开展有效竞争。当负有保密义务的人员使用这些信息时，法院可能会发出禁令。

社交账户

比起过去，现代社交媒体为雇主带来了特殊的挑战，也为员工带来了机会，他们可以更为紧密地在准个人层面上与客户进行联系。近期的一些案例涉及员工在领英（LinkedIn）、推特（Twitter）或脸书（Facebook）等社交媒体上的联系人的"所有权"问题。至今，这些问题的答案似乎是：员工对这些信息享有所有权，除非雇主足够密切地关注了这些内容并制定了相关政策。这意味着，公司想要"拥有"员工在社交媒体账户中的客户联系方式和信息，就需要通过明确的政策或合同，明确建立该账户是为了公司的利益并且员工未来不得使用。从员工的角度出发，则应当试着区分个人账户和公司账户，当然，永远不要试图在社交媒体上公开雇主的任何商业秘密——无论谁拥有这些账户，这都是一个大问题。

员工因创意得到的补偿

即使员工不质疑雇主对其智力成果的所有权，他们也可能会要求额外的补偿，尤其是那些最终为公司赚了很多钱的发明。正如本章开始指出的，美国的一般规则允许雇主和员工之间自由的市场交换，并将这一点落实在双方的合同中，其中通常约定对创意和发明的补偿包含在工资中。然而，许多公司都有适当的激励计划，认可并奖励作出发明创造的员工。奖励可以简单到授予一张奖牌，或是一次握手，也可以由评估委员会进行评定，提供现金或股权激励。避免发生矛盾的关键是评估标准要具体。如果一家公司在没有提供明确指导原则或限制的情况下，授权某个委员会决定奖金额度，或者承诺将从某个创意中获得的一定比例的利润分给员工，那么公司就是在自找麻烦。有多少收入或利润来源于发明，或是来自优秀的营销策略或运气？如何确定发明带来的利润？如果公司决定不为该信息申请专利，而是将其作为商业秘密进行保护，又该如何决定奖金额度？任何一个激励发明的计划都必须考虑这些可能存在的问题。

在美国，针对大学教授作出的发明，有一类特殊的收入分享方式。1980 年通过的拜杜法案（Bayh-Dole Act）规定，接受联邦资助的大学可以选择保留其发明的所有权并将其商业化。该法案促成了生物技术产业的诞生和发展。但作为新政策的一部分，大学必须明确与教职员工之间的商业关系。对此，很多大学向教授提供时间，让他们将研究成果商业化，并共享发明的商业收益。对于学术机构而言，也更容易管理，因为这些机构几乎总是对外许可发明，而不是将发明商业化；因此，开发、制造和营销专长的综合价值不在他们的考虑范围内。尽管有人质疑这一大胆实验的净回报（这使一些教授变得极其富有，而且学校通常需要配置昂贵的专利许可办公室）。不可否认的是，这种方式成功鼓励了院校将实用的想法转化到市场中。

不同国家对职务发明补偿的规定

本章开头部分提出，关于如何补偿发明创造的员工，世界各地的规则差别很大。在美国，雇主和员工可以通过合同自由商定对发明的所有权，以及员工是否可以从创意中获得工资以外的任何补偿。其他国家，尤其是中国、德国、日本和韩国，则规定了某种形式的额外报酬，这些国家认为这样的规定是公平的，并有助于激励更多的职务创新。无论读者对政策选择持何种观点，在数个国家部署研发业务的公司需要考虑到这些差异并作好周密的计划。

韩国的法律可能是对员工最慷慨的，规定对所有发明都需要进行补偿，即使这些发明无法取得专利。韩国法院对赔偿的判决也相当宽松，倾向于支持将 25% 的利润分配给员工的规定。尽管 2013 年的修正案使其在应用中更容易被预测，但该规定仍存在模糊性。

与韩国一样，德国法律也规定对所有发明进行补偿，无论该发明是否获得了专利。但德国通过建立国家纠纷仲裁制度，避免了相关赔偿法的不确定性。

在日本，对员工的补偿条款是专利法的一部分。针对转让给公司的任何专利发明，法律规定了工资之外的"合理补偿"。尽管法律在中村（Nakamura）案后收紧，但目前已经承认了公司提供的定义和程序的价值，但在如何确定"合理"补偿的问题上，实质上仍然不明确。

中国的专利法也包含了对员工职务发明给予报酬的规定，而且立法机关一直在考虑将其延伸到没有申请专利的技术秘密领域。中国的专利法规定：根据发明推广应用的范围和取得的经济效益给予发明人合理的报酬。专利法实施细则对报酬的金额有更具体的规定：一项发明专利的奖金不少于人民币 3000 元；一项实用新型专利（比发明专利更容易获得）的奖金不少于人民币 1000 元。此外，发明人有权获得不低于 2% 的企业营业利润，或者不低于 10% 的第三方支付的许可使用费。此外，雇主可以通过协议制订奖励规则，但必须是"合理的"。

对补偿问题的处理

这些强制的补偿制度带来了许多特殊的挑战，企业需要做好准备应对这些挑战。首先是教育和管理成本，尤其是合规成本，其中包括仔细追踪对某项发明作出贡献的员工和贡献的性质，以及对企业的影响。这个过程需要判断谁是发明人以及正确的奖金数额，存在无法作出正确判断的风险。纠纷还会暴露公司的财务信息，因为这些财务信息是计算赔偿金额所必需的。而且还要考虑奖励本身的成本。此外，任何分析员工功劳的过程必然会引起同事之间的嫉妒。

第四章

法律如何保护商业秘密

在专利、版权、商标、外观设计和商业秘密五种知识产权中，只有商业秘密不需要在政府部门登记。信息安全的一大基本特征由此体现，并对信息的所有者产生重要影响：信息保护的首要途径来自权利人自身的努力，法律只是后盾。在下一章中，我们将通过更多细节分析信息管理的重要性。请记住，商业秘密保护法是一部期待并强调权利人通过自身努力实现救济的财产法。

本章的另一个主题是，商业秘密法试图在市场中执行一定的道德标准，这一点已经在第二章中进行过论述。因此，大多数商业秘密纠纷都是道德博弈，法律仅提供一般原则。决定判决结果的通常是事实本身，包括法官支持原告或被告意愿的事实。在第十章中，我们将对这一问题专门讨论。

违反商业秘密的新标准

在全球范围内，商业秘密的适用规则相当简单，法律保护：（1）一般不为人所知或不易于获取的信息；（2）因其秘密性而具有价值的信息；（3）信息所有者已采用合理措施保护该秘密信息以防止其泄露。当受托人处理的信息泄露（或存在泄露的威胁），或者有人试图以不正当或不诚实的方式获取信息时，法院将作出回应。

这一标准体现在世界贸易组织 1995 年《与贸易有关的知识产权协定》（TRIPS 协议）第 39 条中。目前，164 个世贸组织成员国都接受了这项标准，尽管这项标准在这些国家获得执行的效果不同（具体我们将在第十三章中介绍）。这是因为，合同的功能、获取证据的难易程度，以及法院提供的救济（包括刑事制裁）在不同国家和地区有着非常显著的差异。但是，当国际社会对这些基本规则达成一致时，无疑是向前迈出了一大步。

TRIPS 协议关于商业秘密的规定建立在 1979 年首次颁布的《美国统一商业秘密法》的基础之上。这部法律来自美国各州过去一百五十多年的法院判决。在一百五十多年里判决的数千起案件中，法官们试图回答这些问题：什么是违反商业秘密的行为？法院应该怎么做？法院的这些判决构成了"普通法"，即一套基于类似案件的法官共识而确立的规则。普通法的规则往往与法典或法规形成对比，在后者中，立法机关或主管部门试图采用全面且充分灵活的标准应对不断变化的情况。

很多观察者认为，涉及道德的法律领域最好依靠法院长期以来对各类案件的总体判决。这是商业秘密法在美国的发展道路，尽管我们现在拥有并受益于《统一商业秘密法》（"UTSA"，除纽约州外，美国其他州均以不同形式采纳了该法案）和联邦《保护商业秘密法》（"DTSA"），但这些统一的法律框架建立在普通法的基石之上，而且它们旨在总结普通法积累的原则并将其"法典化"。因此，即使美国的法院想要从 UTSA 或 DTSA 中寻找一条既定的规则，对相关规则的解释几乎总是以普通法的判决为指导。

我们在第二章中讲到，商业秘密法背后的政策主要是关于商业道德的观念：泄露商业秘密或窃取他人有价值的想法是不道德的行为。商业秘密保护法也有现实的一面：通过对投资和冒险的保护来鼓励创新。两个世纪前，当商业生产从村舍转移到工厂时，工业界需要一种能够让企业主与员工分享秘密配方、设计或机器的机制，同时让企业主知道有保护这些秘密的法律。从这个意义上说，商业秘密保护在工业革命的过程中具有必要性，并伴随着工业革命的进步而发展。

如今，我们正处于变革的第三阶段（第二阶段包含了从 19 世纪末到第二次世界大战结束前的所有技术进步），在这个阶段，信息本身就是具有变革性的商业资产。这使得信息保护比以往任何时候都更加重要。这也令人难以理解，为什么美国在五十年前差点放弃了这个最有益和最实用的法律领域。

商业秘密可以与专利共存吗？

20 世纪 60 年代，一些知识产权法的思想领袖开始提出：州层面的商业秘密法正在侵蚀联邦专利法的基础。专利制度已拥有几个世纪的历史，并且已被写入美国宪法，是"促进科学进步和实用艺术进步"的正确方式。一些人认为：专利是鼓励创新唯一正确的方法，部分原因在于专利需要向公众披露，丰富了公众领域的思想，一旦专利到期，发明也就进入了公有领域；基于联邦法律建立的专利制度必须凌驾 / 优先于与之冲突的州法律；将创新作为秘密进行保护的法律损害了专利制度的完整性。

最终，这一争议被提交到了美国联邦最高法院。1974 年，最高法院对凯瓦尼石油公司诉比克伦公司（Kewanee Oil Co. v. Bicron Corp）一案作出裁决。法院面临的具体问题是：联邦专利法是否应当"优先于"（preempt）州商业秘密法，而答案的决定因素是后者（州商业秘密法）是否妨碍前者（联邦专利法）的实施。法院认为，州商业秘密法不构成对联邦专利法实施的妨碍，并且商业秘密与专利可以共存。

尽管这一结论值得肯定，但其背后的逻辑并非完美。法官们的解释是，商业秘密法对发明的保护比专利法的保护强度"弱"得多，因为它不排斥其他独立发现相同秘密的人。法官因此做出的结论是：任何一项专利发明的理性所有者都不会考虑选择商业秘密法保护发明。但法官们也认识到了重要的现实问题：如果没有商业秘密法保障保密承诺，企业就会侧重于从内部获得有价值的信息，从而很少有员工得到信任，更不会有外部人员受到信任，将导致企业在实践中不得不把更多的预算用于安全措施。这一切都对创新有害无益。

　　在这个案件的判决中，有一点是错误的：法院认为聪明人会选择申请专利而非商业秘密进行信息保护。但事实却相反，正如我们从杜邦保护其制造二氧化钛的创新工艺中所看到的那样。事实上，在后文中我们也会看到，工艺技术的发明者通常会选择商业秘密而非专利申请进行信息保护，因为竞争对手针对方法专利的侵权是关起门来进行的，而且通常无法从成品中发现。

　　尽管美国最高法院保留商业秘密法的主要理由是错误的，但他们的结论是正确的：商业秘密保护不会妨碍专利制度，反而是专利制度的补充。在后来的一项判决中，法院补充了专利法不应导致州商业秘密法无效的另一个原因：专利法已经诞生了一个半世纪，在此期间，尽管国会多次修改专利法，但从未在修改法律的过程中提及专利法与众所周知的各州保护商业秘密的法律体系之间是否一致的问题。

　　自 1974 年以来，我们已经走过了漫长的道路。不仅商业秘密保护法与专利法之间的一致性得到认可，而且商业秘密保护法作为专利法以外的另一种保护信息的选择，被普遍视为是鼓励和推动创新的重要方式。一个不强制要求竞争对手之间共享信息的体系，必然会使创新的手段更为多元化，进而创造出更具多样性的产品。从这个意义上说，商业秘密保护不仅支持开放创新（在这个体系内，基于信任提供的保密信息受到法律保护），而且鼓励人们通过不同的方式进行信息保护，从而更加迅速地推动各类创新齐头并进，使每一个人都能从中受益。

商业秘密的法律界限

　　在这一部分，让我们回到商业秘密法，对商业秘密的基本要素进行更为细致的分析，并且讨论"侵犯"商业秘密的可能方式。其次，通过商业秘密法和其他知识产权法律制度在信息保护方面的对比，进一步深化本书提出的观点。最后，作为下一章的过渡，我们将探讨在顶级商业思维中，如何将商业秘密保护与其他方法结合，形成一套保护企业竞争优势的强有力的战略。

信息的秘密性，是构成商业秘密的第一个要素。这一要素可以从以下三个方面进行判断，正如第二章中的三角模型所示：（1）员工技能，（2）公众知悉的信息，以及（3）稍加努力便可轻松获取的信息。让我们对此逐个进行探讨：

员工技能

任何重视劳动力自由流动的经济环境，都会鼓励员工在职业生涯中建立"技能工具包"，无论员工走到哪里，都可以带着这个技能工具包，并且能够在新的环境中将其应用，并且不断提高技能水平。这不仅有利于员工本身，而且员工在多样化的工作经验中精进的技能也可以使整个行业受益。因此，良好的法律会通过对个体权利的保障，确保他们能够不断扩充自己的技能工具包，并把这些技能带到下一份工作中，从而保护行业经验的多样性。

当然，员工应当把真正的通用技能放入工具包中（比如高效编程的能力），而不是雇主的任何特定信息（比如已经完成的程序或驱动该程序的特殊算法）。一些商业秘密纠纷源于对两者的混淆，并且经常发生在离职员工身上。这些员工认为，将自己的"工作成果"带到下一份工作中是一种权利。然而，这个问题有时很难存在确切答案，因为员工技能和受保护信息之间的界限可能并不清晰。在存疑的案件中，我的经验是，法官会站在员工一边。这意味着企业有义务向员工解释哪些是属于企业的商业秘密，以避免混淆。明确员工的预期是企业保护商业秘密的重中之重。

公众知悉的信息

公众知悉的信息，是第二类不符合商业秘密构成要件的信息，因为它们无法满足秘密性的要求。这类信息可以被公众获得，或至少能够被一般的业内专家掌握。我们不能把在教科书中发现的公式、杂志上发表的食谱或互联网上的任何信息都称为商业秘密。

你可能会想，既然这么多信息都不符合商业秘密的要件，那么能够作为商业秘密获得保护的信息还剩下多少呢？请记住，尽管互联网信息庞大，但拥有潜在价值的信息范围更大。比如，一种常见的商业秘密是：公司尚未公开的产品。此外，一些获得信任的合作伙伴可能已经知道产品的组件、外观和功能，但这些信息通常无法在公有领域获得，因此不属于"公众知悉"的范畴。

在判断信息是否属于公众知悉的信息时，很多问题或争议实际上都是在讨论该秘密信息是否已经被泄露，这里的泄密不是指透露给一个小范围和受信任的群体，而是向公众披露。有时，泄密由信息所有人的失误造成，例如公司在官网上公布了未公开产品的照片。有时情况更加复杂，比如苹果的员工晚上出去娱乐，把仍然处于保密状态的iPhone 4 原型遗失在酒吧里。（历史总是惊人的相似，同样糟糕的事情一年后再次出现在 iPhone 5 身上，但发生在不同的酒吧。）捡到手机的人，意识到它可能意味着什么，把它卖给了感兴趣的媒体，把手机归还给苹果之前，媒体公布了一张他们收集到的照片和一些技术细节。在这种情况下，苹果可以主张，尽管此次事件中因不当行为泄露的信息可能不再是商业秘密，但那些尚未被泄露的秘密仍应受到保护。考虑到商业秘密的价值，对许多公司来说，对在互联网上发布保密信息的人提出索赔恐怕只是于事无补的安慰。事实上，通过互联网公开信息是一种简单却不可逆的方式，它增加了敲诈威胁和蓄意破坏的可能，并提高了商业秘密所有者采取预防措施的需要。（参见第五章和第七章）。

容易获取的信息

不受商业秘密法保护的第三个领域是：不为公众所知但"容易确定"或"容易获取"的信息。因为，这些信息只需稍加努力就可以独立获取。《统一商业秘密法》在附注中援引了一个复杂相机系统的例子，这一相机系统可以由熟练技术人员经过两到三天的努力破解其中的创新秘密，相机进入市场后，简易的解密过程也会随之泄露，因此这个秘密并不值得商业秘密法的保护。同样的分析也适用于一些从公共领域中收集到的客户名单。

在考虑信息是否通过公众渠道"容易确定"时，以下两点经验值得借鉴：首先，如果公司准备将一种产品推向市场，但该产品的竞争优势可以很快被发现，那么应该仔细研究是否可以通过专利来保护发明；其次，如果产品无法在短期内被破解，就可能存在一个需要保护的商业秘密，这取决于通过逆向工程破解秘密需要耗费的时间。了解一个秘密可能的寿命可以帮助你决定信息管理的方式，或者是否需要考虑保护它，即使逆向工程所需的时间相对较短，也可以在市场上获得先机。

对已知数据的秘密组合

如果你能在教科书中找到一部分信息，在互联网上找到另一部分信息，在一篇发表的文章中找到剩余信息，这些信息还是秘密吗？答案是肯定的。法律保护由已知事实"组合"形成的秘密。换言之，如果一张完整的拼图呈现在你的眼前，你不能因为能够在公有领域找到每一块拼图的位置而把完整的拼图偷走。当然，有些组合可能显而易见或者微不足道，法官会认为这些组合价值很低。但是，一些非常有价值的秘密来自于一些众所周知的信息和行为的组合。

分享秘密信息意味着什么？如果你把商业秘密提供给其他人，这是否意味着你的商业秘密失去了保护？如果你提供给一群人呢？这个问题的答案对于"开放创新"的概念至关重要，因为公司会与供应商、客户其至竞争对手合作开发创新产品。答案是：可以在分享这些信息的同时不丧失其秘密性，只要你能够以谨慎和保密的方式向对方分享信息，并且最好签署书面保密协议。我们在下一章会看到，在处理这些交易时，重点在于合同的清晰性以及管理采取的准则。

价值源于秘密性

假设你拥有其他人不知道的信息，或者这些信息只披露给那些发誓保密的人，那么，这个秘密能够获得保护吗？不能，除非你能证明另外两点：（1）信息因其秘密性而具有价值；（2）你为保护秘密付出了合理努力。首先，我们来看一下价值。这里的价值，不是去计算卖掉商业秘密所能得到的价值；相反，这里需要证明的是，将信息作为秘密保护对公司业务至关重要，进而为你带来一些比竞争对手更多的优势。这个优势不必很多，有时看起来只是推测的或暂时的，比如尚未推出的产品规格、秘密的营销计划，甚至只是让特定客户满意的细节，这些秘密可以让你提供更好的服务。因此，秘密的价值通常不难证明。当然，如果你偷偷地用赛车条纹粉刷制造设备，这可能会让设备变得非常有意思，但没有给你带来任何竞争优势，所以这不是有价值的秘密。

你主张的价值不必存在于此时此刻，它只要具备"潜在优势"就够了。这意味着，如果你发现一个新的配方或产品设计，但因为条件不成熟，或者出于其他原因不想把它推向市场，你可以不使用它。"潜在"价值相对而言是一个新的概念。20世纪上半叶的商业秘密法规定，信息必须在"使用"之后才能得到保护。随着信息在工业资产中扮演着越来越重要的角色，法学学者和法官认识到，这一限制是行不通的，因此现代的标准得到了采纳。　　　　.

另一个关于商业秘密价值的重要方面是：不但具备少许价值的信息可以得到保护，而且拥有"负面"价值的信息也可以作为商业秘密获得保护。在许多行业的基础研究和研发中，尤其是在生命科学领域，虽然大量的金钱和精力被投入到了无法产生预期结果的实验之中，但这些金钱和精力共同指明了未来的发展方向。托马斯·爱迪生经历了多年的试验和失败才找到能够持续发光几个月的灯丝材料。他有一句名言："我没有失败，我只是找到了一万种无法成功的方法。"如果像爱迪生一样，你的竞争对手正在寻找类似的解决方案，那么你需要保护所有的实验结果，因为这些实验验证了哪些方法不起作用，或者哪些实验的效果低于预期。你在研究过程中付出的努力和取得的领先优势，现代商业秘密法会提供保护，以防止在研究过程中取得的信息被他人盗用。

合理的自我保护

商业秘密的最后一个要件是：为保护信息采取的合理努力。这一点值得我们深思并给予重点关注。该要件的基本原则是：只有你之前帮助过自己，法院才会介入为你提供帮助。用一个古老的比喻来说，如果你离开马厩时门是敞开的，那么如果马儿跑了，你就不应该感到惊讶，也别指望法律可以帮助你找回那匹马。那么，多大程度的努力会被法院认为是合理的呢？我发现，价值—风险—成本三角形是分析这个问题最实用的方法：

什么是保护商业秘密的"适当"或"合理"程度？这需要衡量秘密信息对企业的价值、泄露秘密的损失，以及采取特定保护措施的成本。

如果你认为这意味着必须盘点企业中每一条有价值的信息并对它们进行详细计算，那么这看起来将是惊人的工作量。请不必紧张，我并不是这个意思。这里的经验法则主要针对两类重要的信息：具备竞争力的秘密信息中的核心内容，即"皇冠上的宝石"，或者是具有极高风险并且可以被控制的领域（比如访问设施和计算机网络）。在大多数情况下，法官对遭受信息损失的企业是非常宽容的。事实上，如果商业秘密的窃取者试图辩称：信息所有者应该更好地保护信息以防止损失。很多法官都会对此持怀疑态度，一位法官认为，这种观点如同盗车贼在试图辩解说，是车主留在车里的钥匙引诱他犯罪的。

在 1970 年的一个著名案例中，杜邦正在建造一个新的化学处理厂，施工经理注意到一架低空飞行的飞机多次飞越施工现场。后来发现是一个竞争对手租用了这架飞机，对工厂的布局进行航拍，这将泄露杜邦打算使用的工艺流程的机密信息。法庭上，这家竞争对手辩解称，它只是在看显而易见的东西。法官认为这个辩解非常荒谬，称竞争对手的监控行为是"小学生的把戏"。法官认为，杜邦不需要为了保护自己的秘密在建筑工地搭个帐篷，竞争对手通过"不正当手段"侵犯了杜邦的商业秘密。稍后我们会探讨"不正当手段"的概念。

在一个更近期的案例中，一家公司开发了一个可以从人寿保险公司获得个人报价的数据库。个人可以将相关信息输入公司网站上的表格而获得报价。被告是竞争对手，设计了一个"机器人"程序，伪装成数百万的个人询价，通过这种方式从网站中提取有价值的信息。这种"数据抓取"工具被法院认定为获取大量信息的不正当手段，即使这些信息是个人提供给公众的信息。

这些案例告诉我们，在判断商业秘密所有者应当实施的自我保护程度时，法官会结合具体情况进行分析并作出灵活判断。然而，环境决定一切，环境又会随着时间发生变化。如今，谷歌地球和其他卫星图像唾手可得，更不用说数以百万计的私人拥有的无人机，人们所期望的在空中可以拥有隐私的可能性越来越小。同样的观点在计算机系统安全领域更加适用，随着黑客网络的扩大和日益复杂，大多数企业面临的风险在过去十年中发生了巨大变化。问一下 Target、索尼、安森保险、Equifax、雅虎和摩根大通就知道了。当然，随着风险的增加，市场会采用相应的工具和机制帮助企业防止网络攻击，或者至少尽早发现风险并制定适当的应对措施。

大约四十年前，当我第一次开始写关于商业秘密的文章时，一家企业可以通过非常简单和廉价的程序来证明其实施了"合理的努力"，这个程序只是结合了周边安全、访客访问控制以及与员工和供应商之间的保密协议。在下一章中，我们将看到事情是如何变化的，以及现代的信息保护系统如何变得更加定制化、更加复杂，并且（通常）更加昂贵，以应对当今的安全风险。就目前而言，除非发现确切的过失，否则法院通常会站在遭受损失的一方；但请记住，企业的注意义务是动态变化的，并且对该义务的要求程度在不断上升。

当然，除了为法庭对抗的那一天做准备，自我保护还有更大的作用。有些损失（比如在互联网上无意发布的内容）实际上是无法挽回的，你通常找不到那个始作俑者，或者即使找到了他们也无法获得全额补偿。因此，你应该主要在防止损失上下功夫。这将是我们在下一章详细讨论的主题。

侵犯商业秘密

现在，我们来看法律如何界定商业秘密：公司认为具有竞争力的敏感信息都可以得到保护，只要该信息确实具有秘密性并且能够产生价值，而且企业为保护该秘密做出了合理的努力。那么，法律要保护的是什么呢？我们所说的"侵犯"是什么意思？答案分两部分：首先，法律禁止的是通过"不正当手段"窃取商业秘密的行为，或者我们称之为商业间谍的活动。这也是法官在杜邦案上贴的标签：被告通过违反商业道德基本规范的行为获得信息。这种行为（比如隐秘的网络攻击）通常难以被受害者发现，然而一旦被发现，该行为将很容易被归类为"侵犯商业秘密的行为"。同样，在一方明知对方以不正当手段从信息所有者处获取信息，仍然从对方获取信息的情形也属于"侵犯商业秘密的行为"。

采用不正当手段获取信息

"不正当手段"还包括哪些行为？换言之，在 TRIPS 协议的国际化表达语境下，哪些是"违背诚信的商业行为"？法律对此没有明确规定，仅列举了欺诈、盗窃、贿赂或间谍活动的例子。就像淫秽行为一样，法官们看到这些行为可以立即做出判断。但有时"不正当手段"的指控会落入灰色地带，比如"记忆"。偶尔有人辩论，那些只是记住的信息，他们没有拿走任何文件或电子数据，应当得到原谅，法官也会对此辩论给予考虑。（尽管如此，我们不能依赖这一点，因为这个观点几乎从来没有成功过。）目前垃圾搜寻比较常见，但尚不存在一个普遍的规则对该类行为进行规制。一些法官认为，文件被扔进垃圾桶后，权利人就失去了对它们的控制。但更常见的情况是，法院会强调受害者的预期——垃圾不会在去垃圾填埋场的路上被截获。从竞争对手雇佣员工通常是可以接受的，但如果为了收集机密信息而这样做就构成了"不正当手段"。

逆向工程

然而，有一个领域很明确：逆向工程，即根据一件公开产品研究背后的工作原理，这是一种被普遍接受的正当商业行为。如前文所述，如果可以通过逆向工程迅速解密一件产品（比如，花三天时间去解密相机），法院会认定该信息"易于确定"并驳回其属于商业秘密并要求赔偿的请求。通常情况下，对于把复杂的机械部件与软件和固件控制结合在一起的复杂机器，或者使用其他种类的传感工具和广泛实验的机器，逆向工程需要更长的时间。但这些逆向工程被认为是很正常和可接受的，法院甚至会把逆向工程获取的信息视为从事这项工作的个人或公司的机密信息。然而，所有这些都受制于一个非常重要的前提：逆向工程必须是在事先对机密信息不知情的情况下进行。因此，如果一家公司想要解构竞争对手的产品或拆解一个软件，必须非常谨慎地在清白的程序中进行，确保任何参与的人都不曾受雇于竞争对手，也没有通过其他途径获取过这些信息。我们将在第七章更详细地考虑逆向工程的问题。

根据我的经验，还有一种更常见、情况更为复杂的商业秘密侵权行为，因为这种行为来源于对数据取得正当授权的一方。最典型的例子是员工，公司也可以基于许可而获得他人的机密信息。考虑下述场景：某人私下将自己的创新想法透露给你；或者一家公司的潜在收购者，在对目标公司的尽职调查过程中获取到另一家公司的大量高度敏感的信息。在这些情况下，信息的初次披露都基于正当授权，但之后发生的事情可能会变成商业秘密侵权。

违反保密义务

最常见的情况是，受到信任的人或公司在未经许可的情况下向其他人披露保密信息，或基于其他目的使用保密信息。比如，一家公司或一项技术的潜在收购者通过秘密讨论收集信息，并将这些信息用于收购另一家公司或技术，这通常会引发诉讼。又比如，员工参加竞争对手的面试，被问到公司机密项目的详细信息，在这种情况下，员工和新雇主都要承担责任，因为新雇主明知员工有保密义务却依然借机获取信息。（这种情况下，法院通常不会接受"不知情"的抗辩理由，并称其为"借口"或"故意"。）

意外侵权

如果有人知道机密信息，但不知道它是商业秘密，该怎么办？例如，新员工入职后，你会假设他们正在从事的工作来自于他们自身的技能和常识。但事实上，他们正在复制为前雇主开发的信息。这种情况下，你可能会被称为"意外的"或"无意的"商业秘密侵犯者。根据现代商业秘密法，你只有在意识到这些信息以不正当的手段获取时才承担责任。因此，如果一家公司失去了一名重要员工，就应该考虑向该名员工的新雇主发出通知，详细说明该员工在哪些领域接触到了公司最敏感的信息。进行招聘的公司也可以采取措施保护自己，我们将在第九章中更详细地讨论这些问题。

间接使用

侵犯商业秘密的行为可以是间谍行为，或是未经授权的泄露（比如向新雇主披露）或使用。但什么样的"使用"是可诉的？比如，被控告的公司指着自己的竞争产品说，"看看它是多么与众不同啊，我们根本就没有使用相同的设计或工艺！"答案是：没有复制商业秘密并不意味着你没有使用商业秘密，也许你的研究进程得到了加速（还记得爱迪生的一万种失败的方法吗？），或者你的产品或工艺来自于受到了以不当方式获取的信息的影响，那么这就够了。这一点非常重要，我们将在第八章再次讨论如何避免他人信息污染你的系统。从这个意义上说，不妨将信息视为一种可以感染系统的病毒，并且可以通过变形的方式使人难以发现和提取。

商业秘密保护与其他类型知识产权保护的对比

目前，对商业秘密的含义以及法律如何保护商业秘密，你应该有了很好的理解。请记住，所有规则都是通过几十年来数以百计的"普通法"判决发展起来的。将商业秘密法与其他形式的知识产权法进行比较，有助于我们更好地理解商业秘密法的灵活性和广泛性，下面是主要的基本概念的比较（基于美国法）：

	专利	商业秘密	版权	商标	外观设计
保护客体	发明	信息	表达形式	来源识别	产品外观
要件	新颖性、实用性、非显而易见性	秘密性、价值性、合理的努力	原创性	用于区分产品或服务	新颖性、非显而易见性、非功能性
期限	20年	无限	著作权人死后七十年	只要还在使用状态就可以无限续展	14年或15年
法律依据	联邦法律	联邦法律和州法	联邦法律	联邦法律和州法	联邦法律
侵权	制作、使用、出售	未经授权拿走、使用或泄露	大量复制	混淆性近似	外观相同
是否需要注册	是	否	否，但登记注册有帮助	否，但登记注册有帮助	是
成本	高	低	低	低 / 中等	中等

有几处不同点很重要。版权只保护表达形式，而外观设计保护产品的外观、商标权保护商品或服务的来源，只有商业秘密和专利才能保护信息。专利的保护范围非常有限：发明必须明显区别于先前的发明，而且必须用非常精确的术语来描述。虽然有些专利可以为竞争优势提供强有力的保护，但其覆盖范围有限。相比之下，商业秘密的保护范围极其广泛，包括了发明，但不具备排他性。

选择使用商业秘密还是专利

那么，如何决定使用哪种方式来保护信息？虽然在某些情况下问题会更为复杂，但以下是需要考虑的主要因素：

作为工艺流程或配方的信息，能够不被最终产品暴露，从而作为商业秘密进行保护吗？如果可以的话，一般来说，最好选择商业秘密，因为要找出专利侵权人实在是太难了。

这些信息是否可以申请专利？近年来，美国法院一直在缩小可以申请专利的客体范围，特别是软件和生物技术的发明。其他国家也禁止对某些类型的发明授予专利。如果经历了专利申请和商业竞争的过程，最终发现无法行使该专利权，对公司而言十分可惜。

该发明的商业价值是否会持续很长时间？专利权在申请 20 年后到期。所以，如果你认为利用这项发明创造价值的时间可以超过 20 年，那么你可能会选择商业秘密保护。

你能够为目标市场承担多少个专利的投资？请记住，专利的取得是昂贵的，并且具有地域性，在不同国家申请专利支付的申请费、律师费和翻译费会迅速增加。（根据《专利合作条约》申请国际专利可以为你争取到额外的 18 个月的时间来寻找融资或授权合作伙伴，但最终每个国家会单独收取费用。）在专利的生命周期内，还需要支付"维护"费用，以及专利诉讼可能高达数百万美元的费用。

专利是否足够"强"，这意味着专利是否涵盖完成工作的最有效方式，是否会得到重视，或至少在诉诸法庭的情况下能够得到强制执行？或者专利只涵盖了许多备选方案之一，竞争对手可以轻易"绕开设计"？请记住，现在执行专利权比十年前更棘手，因为法院颁发禁令或申请专利的要求都变得更难，而美国近期的立法导致你的竞争对手和其他人更容易在专利和商标局挑战专利，而无需诉诸法庭。

你是否需要借助专利对投资者、合作伙伴或竞争对手建立起信誉？"信号"效应对一些企业来说非常重要，并且可能是企业选择专利而非商业秘密的现实原因。自然，投资者或许可方会对政府颁发证书确认的权利更有信心，而不是那些由企业自己定义的、不具有排他性并且不确定是否真的能够带来竞争优势的秘密流程或数据。

如果必须要保护自己对某项发明的使用权，用以对抗之后的专利，那么，你应该考虑申请专利。美国现行法律虽然比 2013 年之前的保护力度更强，但不会总是对通过秘密保护信息的第一发明人给予保护。

如果你决定申请专利，必须小心地将发明视为有价值的秘密，至少在通过正规程序向专利局提交申请之前。（正如你的专利律师所告诉你的那样，美国的发明者在专利申请前对大多数信息披露享有一年的"宽限期"，但这并不被大多数国家承认；此外，你应该小心记载为改进技术进行的任何保密实验，避免过早地将发明"出售"。）即使已提交专利申请，在公布之前，仍应保留取消申请并将发明作为商业秘密的权利。因此，最佳的做法是在信息公布之前一直把它作为商业秘密进行保护。这意味着应当限制他人对信息的接触并采用第五章介绍的各种保密方法。

商业秘密与其他保护方式的结合

关于"不同"法律保护形式的最后一点：通常可以采用一种以上的知识产权来保护竞争优势。事实上，一些最有力的保护可以来自不同保护方式的结合。以 iPhone 为例，苹果公司非常认真地管理园区内的产品开发，只有相关的员工才能知道他们正在开发的那部分产品。这种智慧保密文化延伸到公司外部，包括公司在亚洲的制造商。这就是苹果保持神秘感的方式，使得苹果产品一经发布便成为国际媒体关注的焦点。毫不意外，苹果使用版权来保护软件、使用发明专利来保护手机内部的技术创新，甚至手机的光滑外观也得到外观设计专利（在其他国家称为"工业设计"）的保护以免被仿制。

NutraSweet（阿斯巴甜，一种人工甜味剂）为我们提供了另一个知识产权综合应用的战略范例。阿斯巴甜最初是由一位研究溃疡药物的科学家发明的，或者更确切地说，是他发现的。在他心不在焉地舔着手指时，被指尖的味道震撼了——甜度是糖的 180 倍。由于阿斯巴甜的化合物可以在上市后进行逆向工程，公司申请了一项专利并且获得了批准。由于监管部门的审批过程缩短了该项专利的使用寿命，该专利原本在 1992 年到期。公司为了保护市场地位，投入了大量研究工作来优化生产流程，并在两个制造工厂将优化的生产流程作为商业秘密进行保护。这使得公司在产品失去专利保护时，能够在生产成本上进行有效竞争。与此同时，公司开展了一场非常成功的品牌推广活动——依靠商标法——用独特的标识来识别产品，迫使软饮料公司购买该产品，从而获取在他们的罐装饮料上使用该标识的权利。虽然阿斯巴甜作为食品添加剂存在争议，但它的营销方式很好地证明了商业秘密保护可以与其他类型的知识产权保护方式有益地结合起来。

第五章

管理你的信息资产

在讨论了什么是商业秘密、谁拥有商业秘密以及法律如何对商业秘密给予保护后，现在让我们进入本书的核心内容：如何管理这些有价值的信息资产、保护它们的安全、远离法律纠纷，并最大程度地发挥商业秘密对企业的效用。读完本章后，你将对审慎的信息管理有一个很好的了解，并且能够在后面的章节中对一些最关键的成功驱动因素进行更深入的研究：如何避免信息被污染、如何对待离职员工，以及如何在全球背景下处理商业秘密。

这是一本商业书籍，不是技术手册。因此，本书对于网络安全这一要点的论述将从公司管理者的角度展开。黑客和间谍技术与防御入侵的技术都在不断变化，我们的任务是对这些技术的普遍性进行识别，建立一种合理的方式，引导企业在不安全的世界中实现信息安全。通过本章的阅读，你可以更好地了解如何处理与安全顾问和供应商的关系，以及如何优化网络安全工作。

你会逐渐意识到，几乎一切关于信息安全的管理都可以归结为风险管理。风险管理从了解风险是什么，特别是从了解威胁是什么开始。由于信息资产遍布在整个系统中，而且会被大多数员工和相当人数的外部人员访问，因此保护这些信息资产涉及业务的方方面面，需要周密的计划。

制定一项计划

对大多数企业来说，数据资产具有重大价值，人们可能会认为，企业领导者会欣然接受保护它们的计划。然而，商业现实让人们把注意力集中在那些直接和明显的问题上。信息丢失和信息污染是企业竞争优势的无形杀手，因此人们很容易对存在的信息安全问题假装没有看到。还有一些人认识到了信息对于企业的独特价值，但他们的反应可能是，企业拥有太多的商业秘密，任何全面的应对工作都是非常艰难的，就像要煮沸海洋的水一样需要投入巨大的时间和资源。

还有一种观点是，在一些紧要关头，不论需要付出多大的投入，企业必须要做应该做的事情，但情况不一定会发展到那一步。我希望本章的内容可以帮助你认识到，企业构建一套稳健、实用的商业秘密管理模式难度并没有那么大，也并不是那么昂贵。你能够在几个月内就取得有效进展。

战略目标

你可以通过努力实现以下四项目标：

- 防止信息丢失和污染
- 防止偷窃和疏忽大意
- 展现信息的价值
- 实现价值创造

前两项目标是同一概念的两个维度：保护数据资产的完整性。第三项目标是前两项目标的支撑和强化，部分原因是，一旦出现问题，法律希望看到你为保护商业秘密付出与其价值相匹配的努力。第四项目标代表商业的终极目标，即利用商业优势为企业谋取利益。

指导和新兴标准

在我开始涉足信息安全管理时，并不存在真正意义上的管理标准；或者更确切地说，即使有，标准也非常简单：控制周边、护送访客、签署保密协议。信息资产是一个不断发展的概念，但互联网和它所带来的"威胁载体"在那时尚未产生。甚至在二十年前，当我试图检索任何公开标准时，我能找到的只有《联邦量刑指南》，该指南提供了一个合规框架，以避免疏忽造成的刑事责任。（我们将在第十二章中看到，该指南仍具有参考价值。）

如今，针对大公司和政府机构发起的网络攻击比比皆是，新兴标准的制定已成为前沿与核心问题。其中，最重要的一项标准可能是《提升关键基础设施网络安全的框架（2018 年修正）》（《框架标准》），该标准最初由美国商务部国家标准与技术研究院（简称 NIST）在2014 年 2 月发布。《框架标准》随着时间的推移不断被修订，从标题中我们可以看到，其内容侧重于"关键基础设施"——不仅包括政府网络，还包括银行系统、能源网络等。如果你经营的是一家规模较小的企业，对确保能源充足和资金流动可能并没有那么重要，这份文件对你有什么意义呢？答案是：《框架标准》中的框架设计以及内容表述适用于大多数企业，无论企业的规模、经营范围或来自哪个国家。因此，在对这个日益重要的问题向董事会和经理提供建议时，这个标准是一个很好的起点。

《框架标准》通过对典型的风险管理进行阐释，使信息安全问题更容易融入公司内部的其他职能（包括企业风险管理/ERM 系统）。尽管它的标题中包含显眼的"网络安全"这一专业词汇，但它提供的工作指导可以广泛地适用于保护数据完整性的全过程。它传递出的基本信息与法律对"合理努力"的要求相似：在既有益又负担得起的范围内，尽你所能。《框架标准》根据复杂性和成本（在事务开销和费用）方面分别对不同的风控级别进行了描述，公司进而可以直接设计相应的工作系统。正如英特尔的一位经理所报告，采用《框架标准》的试点项目有助于"协调风险管理技术和语言，提高对英特尔风险状况的可见性，为整个公司的风险承受能力评估提供信息，并增强了公司制定安全优先级、制定预算和部署安全解决方案的能力"。尽管《框架标准》用于参考使用，但它的一些版本很可能会成为对政府承包商的强制性要求，这很容易使它被视为整个行业事实上的标准。事实上，目前的报告显示，美国超过一半的大公司的信息安全方法都基于该框架。

保护他人的数据

在考虑为公司制定信息保护策略时，必须记住：我们不仅要对自己的数据负责，还要对委托给我们的所有信息负责（比如，来自客户和合作伙伴的信息）。这样做一方面是为了避免损失，另一方面是为了避免承担责任。对那些在日常业务中有义务保护他人保密信息的单位，比如银行、律所、咨询或会计公司以及定制系统的供应商，这种担心尤其明显。

面对信息安全问题，应当区分商业机密和个人可识别信息（PII）。随着越来越多的公司从客户交易中收集和保存信息，后者已经成为了人们的一大担忧。隐私保护法需要认真关注这类信息的保护。然而，根据 Forrester 咨询公司在 2010 年发布的一份报告，尽管企业对商业秘密的价值重视程度更高，但企业在防止消费者数据意外丢失方面花费的时间和金钱远比它们在防止商业秘密被盗上花费的时间和金钱多。当然，这并不意味着公司应该放弃对个人可识别信息保护的努力，公司既要尊重与客户的关系，也要满足监管要求，商业秘密同样值得公司特别关注。

商业秘密保护计划的原则

以下四项基本原则有助于对商业秘密保护计划的设计：

- *库存*
- *简单*
- *责任*
- *检查*

首先，应对资产风险，我们需要知道这些风险是什么。清点实物或房地产资产的工作很简单，收集已颁发的专利、商标和版权注册证书也很容易。但是，应当如何处理那些帮助企业成功的"信息"呢？"库存"一词也许不是最好的选择，因为它可能令人联想到这样的画面：老板不得不占用一个周末的时间，把五金商店关掉，让员工们挨个儿清点螺母和螺栓。当数据资产渗透于公司战略和运营的方方面面时，让公司在细枝末节上识别所有数据资产是一件愚蠢的差事，这会使公司业务停顿。但是，我们可以把"库存"理解为按类别（比如工具、数据库、战略、研发记录、客户和财务数据）收集最具竞争力的信息组合（即"皇冠上的宝石"），以及威胁这些资产的风险。对于一家规模较小的公司来说，这只需要高级经理们聚在一起，讨论在失去对信息的控制时，是什么让他们保持清醒。在大型组织中，业务小组和职能部门（比如法律、人力资源、安全、供应链）的主管会聚在一起做同样的事情。这种选择性的方法反映了这样的现实：公司无法承担保护所有资产的费用，为了对资源分配做出明智决策，需要设置优先级。

第二项原则是简单。这是我看到许多公司政策失败的地方。通常情况下，准备这些政策的都是一些善意的前任安全员，他们喜欢用令人困惑的标签将信息分类到似乎无穷无尽的层次。下面是一家企业中使用的信息分类实例：私有、敏感、机密、高度机密、受限机密、公司专有。你能够找到十个人让他们以同样的方式完成分类吗？更不用说让他们去描述一个类别是如何不同于另一个类别。当人们被要求遵循一项过于复杂的系统或一项他们不明白的系统时，会产生什么结果？答案是：他们会忽视系统的存在。拥有一个被人习惯性忽视的系统，比没有信息控制系统更糟糕。因此，我告诉我的客户，保持两到三个类别；因为这样的分类可以得到更好的执行。

第三项原则是责任。在企业中，指最高级别的管理层的知情和参与（参见下文关于董事会关注问题的章节）。这意味着，那些被要求发表意见的管理层，他们的参与会有助于信息保护。通常是由一个人（和一个小的支持团队）负责推进信息保护的过程。

最后一项原则关注挑战的动态性：资产的性质和价值，以及对这些资产的威胁都处于变化之中。现实是，不仅没有完美适合公司的现成计划，即使是根据公司需求亲自设计的计划，也需要定期调整，以保持计划与公司的实际情况相符。大多数信息保护系统每年都要重新检查一次，或者在公司业务发生重大变化时（比如试图进入新的外国市场）或战略发生重大变化时。

参与风险管理的协作过程

制定信息安全计划只是普通的风险管理，大多数企业，包括规模相对较小的企业都意识到了内部控制的重要性。对于当今大多数企业来说，信息丢失是头号风险。与其他领域一样，风险管理不是消除风险（通常是不可能的），而是要了解和分析风险，以便对那些可以通过成本—效益方式减少的风险做出知情决定。正如我们在上一章了解到的，在考虑"合理努力"的法律要求时，价值—风险—成本三角形体现了一个有用的经验法则：

相关信息的价值不是以美元来衡量的，而是以与之相关的其他资产以及信息所具有的支持公司竞争优势的能力来衡量的。了解相对价值有助于决定需要什么级别和类型的安全性。驱动关键业务流程的算法可能比营销策略更值得关注。很多情况下，评估价值可以像选取前十个或前二十个最受关注的商业机密一样简单。

下一步是评估不同类型的秘密信息所面临的威胁或风险。这里有两种威胁：（1）公司数据的泄漏；（2）来自外部的污染。最常见的情况是，外部污染通过从竞争对手那里招聘人才发生，也可以来自于管理不善的商业关系（比如潜在收购）。

当然，为了彻底了解公司面临的风险，我们需要估计不良事件发生的可能性，以及不良事件一旦发生对公司业务造成的影响。从直接竞争对手那里聘请一名工程经理来领导一个相同的项目可能会造成严重的危害。但是，在没有签署保密协议的情况下，向一个值得信赖的供应商提供保密图纸可能更容易被接受。进行这些区分不仅有助于管理层关注危害，还可以帮助他们理解在追求效率的背后，企业能够承担多大的风险。

在知道自己拥有什么信息资产以及需要应对的威胁后，就可以开始考虑应当把注意力集中到何处并如何分配资源。在这个过程中，我们需要考虑减少潜在危害的方法、衡量有关信息的价值和成本（一般会以货币或运营摩擦的形式体现）。例如，在招聘工程经理时，不仅可以考虑对其提供警告，要求其承诺不会带入公司不需要的信息，还可以考虑聘请律师对新员工进行培训，强化其风险意识，并帮助他们更好地区分哪些是能够被自由运用的技能，哪些是不能触及的商业秘密。

请记住，风险会随着时间和环境而变化，因此风险评估必须具备持续性，并在合理的期间内重新调整计划。在并购中重新审视计划也很重要，将存续的实体与潜在的冲突政策进行整合是一大挑战。此外，客观地考虑在哪些方面花费时间才能应对当下的威胁。2011 年，

Ponemon 研究所在对 600 多名经验丰富的 IT 安全专业人士调查后发现，88% 的公司的安全预算低于咖啡预算。

最后，给初创公司一点警告：请仔细分析公司的商业秘密。在硅谷工作几十年后，我可以体会到迫使新公司进行信息分类的压力。似乎建立一套完备的标准是这些公司唯一值得关注的目标。但是，在推出创新的过程中，如果我们破坏了任何保护商业秘密所产生的竞争优势的机会，那么所有这些工作只会推动他人在市场上取得成功。把基本的东西放在合适的位置并不难（我在下面提出了一个简单的方法），这种简单的分类方式几乎总是有价值的。

信息治理是董事会级别的问题

到目前为止，我们把信息安全问题视为"管理"问题。但管理层内部究竟谁应该负责信息安全的问题呢？简单的答案是：每一个人。根据公司业务的规模和复杂性，每个人负责的细节程度不同，从历史的角度来分析，答案会很清晰：互联网时代以前，数据的完整性专门由 IT 员工负责，他们更专注于保证设备在机房中的运行，员工不会在便携式手机中装入功能强大的计算设备。在那个时代，商业秘密问题属于孤立事件，在问题发生时，依靠人力、法律和安全资源往往足以对其做出应对。

如本书序言所述，过去已经一去不复返。信息作为一种资产的重要性日益增加，企业现在必须应对不安全的环境，在这种环境中，企业所做的一切都在全球范围内被员工"连接"和"控制"，而且这些员工具备严重损害数据完整性的能力。简而言之，威胁级别已从"偶然"上升到了"存在"的程度。由于信息安全几乎被普遍归为最高级别的风险，对它的治理必须是董事会级别关注的问题。

规制行为

在 2012 年美国联邦贸易委员会诉温德姆酒店一案中，温德姆酒店曾遭受黑客攻击，黑客从酒店记录中收集客户信息，导致超过 1000 万美元的欺诈损失。联邦贸易委员会认为，温德姆的管理层"未能维护合理的信息安全，允许入侵者在未经授权的情况下访问"其网络，违反了禁止不公平和欺诈行为的联邦法律。虽然相关的股东派生诉讼被驳回，部分原因在于温德姆董事会聘请了专家彻底检查漏洞并制定了一个解决计划。尽管这个案例侧重数据隐私，但不难联想到忽视信息资产的其他类似案件。此外，我们在第十二章中会谈到，为了避免因接受商业秘密而承担刑事责任，企业可能需要制定合规计划，包括董事会层面的密切参与。

2014 年初，美国证券交易委员会发布了"网络安全倡议风险警报"，描述了希望证券公司采取的措施。尽管这是针对某一特定行业的指导，但谨慎的做法是把它视为一个发展的迹象，并认识到外界对数据安全管理的期待将覆盖到所有公司。

保险、管理工具和专业帮助

可以为信息安全风险投保吗？答案是肯定的。一些公司已经开始为商业秘密的损失提供保险。怡安保险（Aon）是一家领先的保险经纪公司，公司利用在网络安全和 IP 资产管理方面的专业知识，为保险公司提供这类特殊保单需要的风险分析。事实上，正如其他领域的保险公司帮助客户管理和转移风险那样，怡安提供的管理工具包括一个用户友好的商业秘密注册系统，该系统可以通过识别和组织公司秘密，用存储在区块链中的数字指纹标记高级描述符。怡安还有一个顾问团队，可以与管理层一起工作，以确保公司的商业秘密计划符合企业目标。（我帮助怡安设计了这个项目。）

话虽如此，商业环境中不存在绝对的安全。你能期待的只是把风险降到可以接受的水平。正如网络安全专家文森特·伯克（Vincent Berk）所说，"唯一真正安全的情况是，你既没有需要保护的东西，也没有什么利害攸关的东西。"

保护计划模版

事实上，几乎所有的企业都面临很多数据保护的风险。现在我们来看看商业秘密保护的一些框架。事实上，没有一种方法是万能的，无须对此感到惊讶，因为这与任何一种风险管理一样，由公司业务和经营部门的特殊情况所驱动。法规和其他特殊的合规环境可能会影响框架的设计。公司签订的合同可能包括了处理他人信息的具体规定。当然，保护框架存在一些共同的问题，如库存、物理安全、电子系统和设备、文档控制、外部关系以及员工招聘、教育和解雇。理解选项和变量的最佳方法是，根据公司的业务规模考虑基本结构。我们将通过这种简单的方式判断公司面临的威胁类型以及可以承担的应对方法。在这之后，我们将深入研究几个需要特别关注的领域。

改进计划的基本选择

让我们像大多数企业一样，从相对较小的企业起步。对中小企业（SMEs）的界定有不同的标准（美国政府把员工人数少于500人的企业视为中小企业）。中小企业有一定的优势，但在信息安全方面也面临着特殊的挑战。它们具有创新性和灵活性，能够快速适应不断变化的环境和大公司的需求。即使中小企业经常面临与大型公司相同的风险，但因为规模越小，用于安全的体系和资源就越少。但这正是挑战，而非构成信息安全的障碍。在识别和降低风险方面，中小企业依然有很多事情可以做，并且会随着企业的发展找到继续可以提供服务的方法和工具。

任何安全管理程序的核心是管理层的态度。正如本书其他章节所述，损失的发生主要是因为有人没有注意到，而不是因为故意的商业间谍活动。因此，减轻风险和制止损失最有效的方式是拥有一支熟悉情况和敬业的员工队伍。这种基调必须由公司高层设定，成功很大程度上取决于管理层对项目的投入。

第二个基本要素是对风险的认识。如前文所述，这是由一组资深管理团队在内部协作过程中产生的。秉承价值—风险—成本三角关系，管理层应当集思广益，制订一个可以与公司风险漏洞相匹配的计划，这个工作并不复杂，可以由一位有责任心的高管来协调。最后一点很重要，在管理人员之间分配职能，将从结构上损害安全性。安全问题必须由一个人负责，这个人需要随时接触 CEO，并且能够在董事会层面获得尊重。

信息安全管理计划至少应当涉及以下具体领域：

• 区域安全：来访者应登记、由专人陪同，不得携带手机进入。应控制进入特别敏感区域的次数。数据丰富的计算机显示器和涉密文档应放置于专用空间中，并在不使用时锁起来。

• 文件：包括电子文件，应酌情指定为机密。请记住，信息应仅供需要的人访问。

• 过程安全性：通过可靠密码（或更好方式）控制对部分系统的适当访问；防火墙；移动设备加密。

• 合同：员工应签署保密和发明转让协议。只有在保密协议下，才允许外部人员进入涉密部分。

• 教育：员工，包括管理人员应接受关于信息安全的培训，包括公司认为哪些是机密信息，以及应该如何对待这些信息。

如果你能够负担得起，请使用以下内容扩展你的信息安全计划：

• 规则：发布清晰、简单但全面的规则和策略，涵盖信息安全内容。

• 职责：把职责和任务下放给主要经理；将整体管理责任提升到更高的水平。

• 充分准备：将信息安全作为特定业务连续性和应急响应计划的一部分。

• 审查：建立并实施项目的定期审查，以确保适当的覆盖范围和管理。

对于大型企业或信息风险较高的企业，除了上述内容之外，还需要：

• 全方位的安全政策和程序，包括社交媒体和电子邮件使用政策。

• 全面的安全管理系统（规划、审查、改进）和问责制。

• 保密协议（NDA）和第三方尽职调查（用于合作和外包）管理。

• 更稳固的保护系统，例如更强的加密和网络入侵检测工具。

• 加强对员工的培训。

在整个过程中，无论公司的规模或资源，都应仔细考虑：

• 相关安全问题，比如对个人身份信息（PII）的保护。

• 与公司其他合规项目的关系，提高管理效率的机会。

• 国际问题：你的风险和可用的缓解策略如何根据经营的市场而有所不同？

• 优先级：信息的价值经常变化；你是否将注意力集中在目前最重要的数据上？

• 态度与合作：你的计划是否得到了公司各方面的重视？是否存在抵制合作的孤岛？

值得特别关注的方面：电子系统

有些问题因其重要性和复杂性值得更深入地处理。第一个是电子系统，它对现代商业至关重要，原因就在于它的风险性。过去，人们用打字机记录保密信息，并通过邮件传递，会议是面对面的，电话是通过一根根弯曲的铜线拨打的，窃听需要耗费相当的努力。随着现代通信系统的出现，我们的输出、频率和速度都大大提高了，但我们也更容易遭受损失。每个网络，无论是内部的还是外部的，都有成千上万个"终端"，它们由笔记本电脑、平板电脑、手机和其他连接的设备组成。这些终端的操作人员可能不值得信任，或者没有充分认识到自己是如何使用设备的。这些设备可能会泄露数据，或者成为接收不需要信息（包括恶意软件）的端口。这是当今信息安全人员必须面对的新世界。

与一般商业秘密保护计划相同，电子系统的安全始于跨职能的努力，目标是识别和减轻风险。在这里，由于通信的速度和普遍性，一个核心原则是"数据所有权"，应当由一个人负责对进入系统的特定文档或文件分类。如上文所述，理想情况下，分类系统应当简单，并可以根据业务的实际需要进行调整。分类与可接受的使用政策相关，该政策支持信息需求者随时访问特定信息，并保护信息不被滥用。整个系统成为员工与合作者全面培训的内容，对他们的行为造成影响并警告那些可能会放松警惕或故意转移敏感数据的人。最后，最全面的系统包括监视功能：随时知道数据处于"静止"和"活动"的状态，同时要求系统能够进行库存和标记，以便跟踪重要信息并记录所有需要的内容。

内部行为

商业秘密的完整性面临的最大风险并非来源于外部世界，而是内部组织。员工绝大多数是诚实和善意的，但他们可能会粗心大意、爱聊天、喜欢自夸，而且往往没有得到充分的事先通知。我们将在本章的后半部分看到，信息保护计划中最重要的内容是对员工的培训。

这一点非常重要。根据 Ponemon 研究所 2013 年的一项基于对六个国家三千多名受雇于不同规模和各种行业的公司的受信任员工的调查，三分之二的人认为将公司的保密信息传输到个人电脑和其他设备或到 Dropbox 等在线数据存储站点是可以接受的。对许多人来说，这只是出于便捷。但请考虑这一点，超过一半的受访者认为在下一份工作中使用保密数据（如果是由员工开发的软件）没有错。他们认为，"这么做不会对公司造成损害"，"公司没有严格的执行政策"。这份报告不仅与如何培训现有员工相关，对如何筛选新员工也有帮助，避免招聘那些倾向于把原雇主的保密信息带到新工作中的员工。（参见第八章的详细分析）

大多数 IT 安全系统的一个主要内容是对用户行为的关注，主要是通过控制访问的系统实现，其中最著名的（或最臭名昭著的，取决于你的观点）是密码。实践中最流行的密码是"password"，即使是强大的密码也可以被键盘记录器探测到，或者被复杂的网络钓鱼攻击，从高管们忙碌的工作中套走。密码很可能在不久的将来被双重身份验证所取代。从长远来看，指纹或虹膜扫描等生物识别系统将被广泛使用，从而确保更高的信任度。这种技术解决方案的快速演变留给公司的启示是：作为该职能的管理人，你需要使用"合理努力"来保护商业秘密，这是一个需要定期评估的动态目标。

个人设备

除了员工和他们的行为外，个人设备吸引了信息安全专家最多的注意。一些政府机构和公司意识到，无处不在的 USB 驱动器导致大量信息丢失或系统被不需要的文件污染，并因此禁用了计算机上的这些端口。你需要对笔记本电脑给予特别关注，因为它们（还有智能手机）与用户一起出行，用户需要在不安全的国家/地区（或员工在家工作时通过个人 WiFi 系统）使用程序。一些高管会使用只包含境外旅行所需最低要求的剥离式移动设备，然后在返回时进行清理。无论特定情形下的风险状况如何，都需要考虑到这样一个事实：大量数据以及与网络的授权连接会在全球移动，需要对此进行合理控制。

对经验丰富的网络安全人员来说，近年来最令人担忧和烦恼的发展或许是"自带设备"（BYOD）现象。在这种现象中，员工将自己的智能手机、平板电脑或笔记本电脑带到办公室，将它们连接到网络，或多或少地将自己的个人数据与公司的数据进行了混淆。在很长一段时间内，这种发展受到了抵制，合理的理由是：企业不可能为如此多样和无法控制的设备集合提供安全保护，更不用说技术支持了。但是，社会的动力以及远程办公的现实淹没了这些担忧，企业现在不得不适应一系列新的风险。规范使用的政策和程序可能会有所帮助，注册时要求安装远程清除功能，以便在设备丢失时保护企业数据。这只是被统称为 MDM 或移动设备管理软件的产品提供的技术解决方案的一个方面。

连接所有这些设备的是公司的网络，因此这部分系统值得密切关注，因为它是与外部世界进行开放和充分交流的途径，也是外部世界频频侵入系统、造成损失或窃取数据的途径。我们使用各种工具保护网络，而这些工具不断变化。无论如何，本书侧重于信息安全的管理过程，而不是如何选择解决方案。

关注网络漏洞检测

尽管如此，即使小公司也不应认为杀毒软件足以解决问题。我经常从安全专家那里听到的一个消息是，你不能希望一直把每个人都拒之门外。有些人甚至会说，专注保护网络边界既是一种妄想，也是危险的，因为它会消耗另外两项必要工作的资源：漏洞检测和响应计划。

对于网络和数据完整性而言，安全性是相对的，而且通常要求采用多层次的方法。首先我们需要认识到网络是脆弱的，网络可能已经被侵入过，而且将再次被侵入。你可能会说，"我不知道有入侵行为"。这正是问题的根源，数据丢失不像其他财产，在丢失后会留下空缺。当数据被读取和复制时，它们的物理状态不变。实际上，系统还会增加一些东西：恶意软件和间谍软件。信息盗取是无声的，如果窃贼非常老练，几乎不会留下任何闯入的线索。

当你听到"数据丢失防护（DLP）"工具或软件时，请记住这一点：最好的技术解决方案是监控整个网络，这样不仅可以解决入侵和丢失问题，还可以检测黑客攻击。每天数十次甚至数百次的黑客攻击尝试，无论成功与否，都可以生成有用的信息，帮助我们了解黑客来自哪里，他们试图通过什么方式侵入系统，以及他们想获得什么。

这些系统不仅可以监控墙外发生的事情，还可以监控内部情况。例如，员工在办公桌前将 U 盘插入计算机。凭借已经掌握的数据敏感度，测试工具可以确定这种使用是否违反网络协议，以及出现不当披露机密的风险。测试工具还可以侦测出网络系统中未经授权的应用程序，以及信息被复制到可移动媒体，打印或转移到脸书、谷歌或

Dropbox 等易受攻击的网站的行为，针对特定类型的文件或特定用户阻止这些尝试。有些工具甚至可以监控个别员工的行为，并对其安全意识进行评分，从而告诉你安全培训的成效。

那么，作为网络的奇妙拓展（如果不是替代）的"云"呢？首先，让我们揭开"云"的神秘面纱：在很多方面，它只是大型计算机分时网络的加强版。几十年前"云"就已经存在，现在"云"已无处不在；如果你使用推特、脸书、亚马逊或谷歌，就已经驰骋在云端了。关于"云"的基本挑战是：数据或多或少地由其他人控制。这里的"或多或少"在某种程度上是关键且可控的，因为可以选择云供应商，可以协商保护级别并且将公司数据与其他数据分离，甚至可以协商特定的"混合"模式，将公司最敏感的数据留在墙内，其余部分使用云服务。但一般来说，这就像租一套公寓，你和房东都有钥匙，而房东的房子可能是数据黑客的特殊目标，就像银行对小偷很有吸引力一样，因为银行里有钱。

除了提供存储数据的通用云服务外，一些增长最快的企业一直在销售一种称为SaaS（软件即服务）的特殊软件。这些企业运行软件工具，客户提供处理数据，然后企业将结果反馈给客户。我们可以在这里使用另一个比喻，你把衣服送到洗衣房，你的衣服和其他人的衣服会放在一起洗，自然存在一些被污染的可能。

但如果管理得当，云不仅可以非常高效地处理机密数据，还可以提供非常复杂的监控和侦测工具，不仅运行成本只是公司自己运行的一小部分，而且往往具有更高的可靠性和灾难恢复能力。主要的管理问题是与供应商的关系，供应商将控制公司敏感信息的安全性。因此，尽职调查、合同规制（比如加密、数据保密与隔离，以及服务器的位置）、担保支持、可用性和合规性（不设责任上限，特别是针对安全漏洞）非常重要，以及持续的监控和审计，以确保供应商按预期执行。

突发事件应对计划

如前文所述，没有绝对的安全。对于电子系统而言，这不是是否会发生损失的问题，而是什么时候以及如何发生损失的问题。这意味着一项关键的管理责任：你必须准备应对突发事件的计划。有些供应商和政府机构可能会伸出援手，进行普通的定期分析和情景规划，以便你分配责任并确保警报响起时知道该怎么做。正如麦肯锡在其出版物《你的网络事件响应计划有多好》中指出，"即使已经拥有了面对突发情况的应对计划，它们有可能不是为了网络安全问题设计的，而且有可能审查周期不够频繁，无法涵盖快速发展的安全威胁。这不仅仅涉及处理的时机，还涉及泄密后的信息传播。随着现代公司和网络链接的发展，这些问题都会迅速发生变化。"

培训雇员

阅读当今全球产业面临的网络威胁，思考应对这些威胁的成本，可能会让你头晕目眩、灰心丧气。但有一个领域，我保证作为管理者的努力会有回报：培训。请把这句话刻在记忆里：大多数商业秘密的损失都是由内部造成的，而非外部，它们的发生通常是因为疏忽，而非故意窃取。请花一些时间思考一下这句话，如果你能够通过提高意识来扭转粗心大意的风气，相比可能安装的所有网络保护系统，你可以用更低的成本为公司的信息安全做更多的事情。高质量的培训计划可以使你的员工成为安全防卫团队的一员，不仅他们自己会更少犯错误，而且会留意其他人的错误。

我指的是什么样的错误？是那种令人难以置信的错误。在贸易展上，销售经理兴奋地想要完成手头的交易，无意中透露了一个未公布的产品；工程师在脸书上向他的朋友吹嘘他刚刚提交的专利申请；研发总监从前雇主那里招聘员工，为了解其前雇主的研发进展；负责检查潜在技术许可业务的开发主管，没有回避在同一领域工作的员工。这些都是会引发诉讼的错误，而且都是可以预防的。这关乎态度和学习。

内奥米·法恩（Naomi Fine）在她的那本精彩且实用的著作《积极保密》（*Positive Confidential*）中指出，保护商业秘密的不是保密协议，而是那些组成公司生态系统的人。对于已经习惯于使用并且被社交媒体鼓励披露生活细节的员工，如何让他们保护公司的秘密呢？这是一个非常重要的问题，请记住，有人可以用 140 个字符披露很多信息。

首先，使培训的过程具有广泛性。不仅仅是那些你认为最有可能接触到机密信息的人，公司里的每个人都应该理解这个问题的重要性。即使是承包商、临时工和实习生，也应该成为培训的一部分。事实上，他们可能更重要，因为他们固有的忠诚度较低，而且更有可能很快跳槽。

第二，让培训变得有趣。为了保持新鲜感和积极性，可以考虑使用专业的供应商或产品，通过轻松但难忘的方式呈现严肃的材料，而不是依靠内部经理来指导课程。

第三，确保培训不是一次事件，而是一个持续的过程。用电子邮件、故事、提醒和测试来跟进。如果商业环境恶化，你开始失去员工，这意味着需要增加（而不是缩减）培训，因为剩下的员工是公司智力资本的来源。

与外部协作

正如微软前知识产权副总裁马歇尔·菲尔普斯（Marshall Phelps）所说，"如今很少有一家公司能够掌握自己所有的产品技术……如果想生存和繁荣，就必须与他人合作……知识产权已成为合作的桥梁。"或者，正如联邦贸易委员会在 2011 年的一份报告中指出的那样，"技术已经变得如此复杂，单个企业不可能成为单一产品的所有发明来源。""二战"结束后，最优秀的创新来自于贝尔实验室，最受青睐的商业形式是完全一体化的公司，这些公司对自己的技术命运负责。在那种环境下，商业秘密保护几乎仅限于确保在墙内所做的工作不会被泄露出去。但是，现在全世界最优秀的创新已经不再完全来自于贝尔了，全球化市场需要更加灵活的创新战略，进而利用其他公司的观点和专业知识。独自研发也许更安全，但太多的风险会使你无法正确处理。

因此，即使是公司的基础研发也越来越多地通过外包和其他形式的协作完成。事实上，它们是共享的创作。在理想状态下，协同作用可以增强合作伙伴的实力和相互学习的能力。研发成果和资源是共享的，风险和责任也是共享的。因此，信任是成功的关键驱动因素，这就是商业秘密框架下可以被强制执行的信任如此重要的原因。

开放式创新

对于这种转变，目前流行的术语是"开放式创新"，由加州大学的亨利·切斯布劳（Henry Chesbrough）教授首创。其基本理念是，从外部寻找设计、工程、生产、营销或分销的最佳方法。可以采用多种形式，从简单的外包、与其他公司的协作，再到将独立的部分结合在一起运营的"虚拟企业"。然而，这些形式共同的主题是信任，在每一种关系中，都会在保密的基础上分享一些敏感信息。这需要谨慎的管理。

让我们暂停一下，把"开放创新"和它的近亲属"开源"区分开来。"开源"通常适用于个人或实体为了公众利益而联合起来创建一些东西，比如 Linux 这样的开源软件。对开源软件的访问或多或少是免费的。但这不是我们讨论的内容，"开放"并不意味着免费，而是走出自己的组织去为一个商业项目寻求帮助。我们还应该区分各种形式的公共奖励制度。1927 年，当查尔斯·林德伯格成为第一个独自飞越大西洋的人时，他赢得了公共奖励。今天，各种组织和政府延续了这一传统，其中最有名的可能是 XPRIZE，该奖项为 2004 年成功发射第一艘商业开发的载人太空旅行飞船"太空船一号"颁发了 1000 万美元的奖金。这些尝试的成功不是通过分享秘密，而是通过发布规范和规则让每个人都看到。

买入还是构建

对公司而言，协作背后的基本问题是：对于那些新的产品或技术，应该由自己构建还是从别人那里购买，或是与其他人合作创建。

自主构建，可以增强对项目开发、知识产权和市场机会的控制，但风险最高，进入市场的潜在成本更高，时间也更长。收购，可以缩短进入市场的时间，但面临着收购成本和整合效率低下的问题。协作，在减少控制和盈利机会的同时，降低了大部分风险和成本，从而可能加快进入市场的时间并提高可信度。

在商业秘密的世界里，收购会引发一系列特殊的风险。当你开始搜索或"侦查"最佳的可用替代方案时，风险就已经产生。收购的形式包括购买许可证、购买产品线甚至收购公司等。风险取决于如何进行搜索。为了评估每个选项的价值，你可能需要签署保密协议，限制把了解到的信息用于评估潜在收购或许可以外的任何目的。你需要管理这个过程，尽量减少不必要地披露他人信息，并确保遵守保密协议中的义务。第八章对此有更多的说明。

协作管理

多种形式的协作本身也存在风险。商业秘密不同于经政府备案的知识产权，本质上具有模糊性，难以定义。在合作项目过程中，想法在许多人之间自由流动，而接受者的任何滥用行为可能你都不知道，甚至连他们自己都没有意识到。随意的沟通可能会变得草率。这就是为什么在任何协作中，最重要的规则是"了解你的合作伙伴"。因此，请确保相互尊重的合作伙伴关系，并且不要忘记在关系结束时继续跟进，以明确保密预期。

这并不意味着法律无能为力。事实上，第二条重要的规则是谨慎对待你的合同。合作型商业关系通常像一个浪漫的两性关系：求爱，承诺，（公开的）婚姻和离婚。每一个阶段都需要对商业秘密和其他知识产权问题有清晰的理解，我们将在下一章讨论具体的合同问题。但是，出于同样的原因，这种关系需要的不仅仅是合同，它需要严密的管理。

一开始，双方的团队成员都有些情绪化：要么是积极地表达爱意和期待，要么是消极地表达嫉妒和怨恨（"我们应该自己做这件事，为什么要把这些白痴牵扯进来？"）因此，你需要让每个人（并且确保你的业务合作伙伴也这样做）了解为什么做出这个决定，合作的目标和策略是什么，以及在实现这个决定的过程中可能遇到的挑战。是否所有的经理都明白什么必须共享、什么可以共享、什么不能共享？他们知道如何记录双方的具体贡献吗？他们知道如何以安全的方式与合作伙伴沟通吗？（有一些为合作而设计的加密软件包。）与任何项目一样，对这些问题的关注可能会不时出现，因此应当定期进行检查，以确保一切都在正轨上。

顾问和承包商

如前文所述，管理员工以及员工对安全问题的关注是一项挑战，部分是因为人员流动：员工在职业生涯中平均更换 11 次工作。为你工作的项目顾问可能要在同一时间和其他 11 个人打交道。其中一些项目可能是为竞争对手准备的，或者是为其他可能使用你的秘密数据的人准备的。所以从雇主的角度来看，这些关系值得特别关注。在考虑安全风险的同时，首先要决定是否在某个特定的项目上使用外部或临时资源，以及在多大程度上使用这些资源。如果你接受了这种风险，部分是因为你通过以下方式减轻了这种风险：比如谨慎选择、与应聘者讨论他们打算如何确保数据安全、准备一份无懈可击的合同、以及相应地管理他们的工作和信息披露。（更多细节见第六章。）

同样的问题也会从不同的角度出现在企业顾问身上，他们需要面对一个气氛紧张的现实：作为顾问，通常要为一系列客户提供短期服务，有时还会同时为几个业务密切相关的企业提供服务。顾问就像在花丛中为花朵们交叉授粉的蜜蜂，帮助企业成长，将好点子提供给不同的企业，进而以此吸引到其他客户。但问题在于，人们往往更关注各种任务中采集到的"花粉"的所有者。因此，精准厘清客户关系是顾问最重要的商业生存技巧之一。首先，应当开诚布公地与客户讨论利益冲突的可能性，并提出未来的应对策略。讨论的目标应当确定为：辨别从这个项目中获知或源于该项目的信息，而这些信息无法简单地归类为纯粹的技能或经验。其次，提供非常具体的方法隔离并保护这些信息，防止为其他项目滥用。最后，通过合同的方式记录这些共识。采取这样的方式后，问题将一目了然，从而可以降低错误和诉讼的可能性。

远程管理商业秘密

疫情来袭迫使数百万职工居家办公，企业也必须应对新型信息安全威胁。远程办公本身不是新鲜事，许多公司中，一些高管和销售人员携带载有保密信息的笔记本电脑和手机出差已经很常见了。但是，2020 年伊始向线上办公的突然转变暴露了一个问题：信息安全问题在规模和分布上较之以往产生了很大的差异，因为许多习惯于与同事面对面交流的员工只能开始远程沟通。

正如前文所述，商业秘密权是关于控制的权利，大部分的损失是由内部人员造成的。因此，当公司内部人员离开公司，置身于各种各样的私人环境中，传统意义上公司对商业秘密的控制力度就减弱了。某种程度上，是因为过去在同一栋大楼或园区内工作的团队被分散了，现在通过远程的单个"端点"（通常是个人电脑）工作，而且失去了公司内部网络提供的保护措施。与办公室不同，这些远程办公地点都是非正式的，会使得员工（或其家人）在工作中更加放松，并且会增加对社交媒体的使用。在这种环境下，维持对保密信息的控制看起来非常困难。

远程办公人数的上升迫使一些企业重新调整了保密政策和管理模式，这些企业意识到了上升的风险，同时也找到了降低风险的实际方法。首先要认识到，正常情况下的安全问题已经很令人烦恼了，在远程工作中确保合规可能会更加困难。当保密制度的复杂性使得员工倾向于无视这些规则（或变通绕过）时，明智的管理者会倾听员工的关切并做出调整。

首要任务是关于加强信息清洁的沟通。告知员工保护商业秘密的基本要求并以此强化信息清洁：哪些信息属于敏感信息，公司现行制度是什么，以及居家办公时应如何遵守公司制度。要特别沟通如何限制向确有需要的同事和在家工作的同事发送机密信息。同时注意强化反黑客制度，因为黑客们知道，在远程工作时，每个人都更容易受到攻击。钓鱼攻击会更容易，人们更有可能把工作带到户外空间和咖啡店，并使用共享的打印机和备份驱动器。

考虑建立一套修订的信息清洁制度，旨在解决公司特定的信息风险，以便员工在离开办公室工作时遵守。这可能包括要求公司的 VPN 和安全云存储工具仅用于商业电子邮件和文档交换。显然，要求使用公司设备访问业务系统要比试图规范个人设备的使用更安全。在任何情况下，为确保合规，可能需要员工签署特殊协议，声明接受新制度，并允许安装安全工具和远程监控个人设备和网络。同时，通过重新访问控制和额外增加使用授权程序（如双重认证）来加强公司自身的网络安全，更严格地限制谁可以访问最重要的信息。

虽然防止信息丢失的技术是远程工作的风控重心，但信息安全管理应侧重于发现和报告系统中的潜在危害。远程工作环境下，事故检测和风险响应（包括自动化的和人工的）的难度更大，因此企业应该研究如何培训和激励员工上报可疑活动，同时应考虑增强电子监控工具的可靠性。

秘密商业化

公司高管的职责是确保公司的商业秘密（信息资产）得到充分利用，以实现其所具备的竞争优势。如果商业秘密的优势无法真正发挥，这比把钱存放在安全的地方什么也赚不到更糟糕。我们应当假设手中的商业秘密是一项快速贬值的资产，诀窍是在资产有价值时就把它配置好，销售更好的产品或服务，或者利用他人的关系，或者与他人合作。

前文已经描述了开放式创新和协作对行业格局产生的改变。需要思考的不仅是具有已知价值的信息，还要关注价值提取。以能源行业为例，地图是传统意义上的商业秘密，石油公司在地震研究和其他调查中投入了大量资源，获得潜在的重要线索，从而探究地表之下的能源，研究能源开采中可能运用到的方式。麦肯锡研究表明，如果一家能源公司将自己的数据与其他一两家公司的类似信息结合起来，那么同一片油田的开发成本和时间将会减少 15% 到 25%。

同理，加拿大黄金公司（GoldCorp）在 XPRIZE 上的变化：公司在 2000 年发起公开挑战赛，将 400 兆字节的加拿大矿业地图数据放到了互联网上，供地质学家和工程师查看并探寻有前景的矿区。超过 1400 人参与了这个挑战（获胜者是一个从未去过该地区的澳大利亚小组）。公司因此获得了丰厚的回报：支付了 57.5 万美元的奖金，却开采到了价值 60 亿美元的黄金，而且比老式勘探钻探快很多年。通过商业秘密赚钱的方法有很多。

如果公司没有互补资产去制造和销售基于商业秘密的产品，很可能会决定通过许可费或其他方式授权给有能力将商业秘密推向市场的人。人们普遍认为，商业秘密具有"财产"属性，可以出售或出租。（也可以像其他财产一样被征税。）因此，在很多方面，商业秘密许可与其他商业交易相似，所有者可以转让权利。

但请记住商业秘密的一大特征：它们可能永远存在。这有重要的含义，特别是如果信息或创新足够诱人，被许可方会愿意承担商业秘密随着时间的推移而广为人知的风险。

早在 1881 年，J.J. 劳伦斯博士就曾将一种漱口水的秘方授权给了乔丹·兰伯特（Jordan Lambert），这一秘方后来成为有史以来最成功的非处方药之一：李斯德林杀菌漱口水。兰伯特后来成立了一家公司，也就是后来的华纳-兰伯特（Warner-Lambert）。在一份只有两句话共计 127 个字的合同中，兰伯特同意每卖出 144 瓶漱口水，就向劳伦斯博士支付 20 美元。这笔交易让兰伯特和他的公司富了起来。劳伦斯博士和他的继承人收益也不错，在 20 世纪中叶获得了几百万的许可费。与此同时，在 20 世纪 30 年代，尽管任何一方都没有过错，但这个配方还是被大众知晓了。李斯德林漱口水依然非常受欢迎，并且公司可以继续盈利。但在 20 世纪 50 年代，华纳 - 兰伯特公司起诉要求不再支付任何费用，理由是秘方已经不再是秘密了。法院驳回了公司的请求，认为兰伯特已经订立了契约，并且应当继续履行。

李斯德林案表明，在快速进入市场方面，"领先优势"具有巨大的潜在价值。我们可以很容易地想象这个原则被应用到一个尚处于保密状态（即尚未公布的）的专利申请上。从长远看，被许可方可能希望获得专利保护，但同时相信秘密带来的先发优势可以使其抢先占有市场份额。对商业秘密持有者来说，最明智的做法可能是就商业秘密权利进行谈判，收取尽可能多的预付款，因为该秘密技术可能永远不会获得专利。对从未获得专利或被认定无效的专利，法律不会强制征收专利费，但商业秘密的许可费可能会无限期地持续下去。

虽然授权商业秘密可能是有利的，但在大多数交易中都面临着固有的严重挑战。第一，估值。如果你拥有一项专利，至少可以假设大概没有其他人拥有同样的权利。但商业秘密不是唯一的，因此无法知道正在试图授权他人的技术（或与之等同的技术）是否为行业中的其他公司所知，或者是否正在被其他公司使用。由于这种不确定性，商业秘密的价值常常会打折扣。

另一个问题出现在交易方面：持有秘密的一方不愿透露所有信息，除非潜在的买家做出交易承诺；然而，在不知道秘密确切内容的情况下，买家往往不愿做出交易承诺。这个被称为阿罗悖论（Arrow's Paradox）的难题，正是授权专利比授权秘密风险小的主要原因：因为人们可以看到专利并理解它是如何工作的。实践中，双方通过"逐渐增加的披露"达成涉及商业秘密的交易。例如，在一个产品展销会上，卖方只披露产品的使用结果，而不会透露其实现原理，但因为设计原理不透明，潜在的买家无法推断出产品的实现原理，甚至无法判断这是不是某种把戏。此时，买家会问一些问题，以此推断产品如何运作，或者更加相信产品的真实性。与此同时，卖家也会判断买家的诚意和可信度，可能愿意披露更多一些信息以促成交易。这种循环会一直进行下去，直到买家能够放心地签署一份保密协议并有权进一步了解产品。

上述的展销会过程，是大多数商业秘密协议达成的方式，尽管它们需要几周或几个月的时间，而且需要多次会议和通信。如果秘密的持有者是一个非常小的企业或个人，可能需要更长的时间，或者根本不会发生。（参见第八章关于主动提供信息的情况）

第六章

合同与商业秘密

合同对商业秘密至关重要。合同通过约定当事人不得披露信息的义务确保信息的保密性，并明确定义他人在取得许可的情况下如何使用商业秘密。书面合同不总是必要的，在很多情况下，法律默示商业秘密的接收人有义务不使用和不披露商业秘密（某些目的除外）。但是，订立书面合同比依赖法律的默示义务更有利，因为后者可能难以证明。需要记住的是：在开始与对方建立关系时，或者在对方第一次接触到你的商业秘密时，就应当签订合同。

员工

100年前，大多数技术革新都是通过发明者独立的努力而实现的。如今，也许由于复杂技术世界中的高昂研究成本，那些由企业雇佣的发明者更有可能提出专利申请。一般来说，法律默示每个员工都有义务不泄露雇主的商业秘密，而对于受雇进行发明创造的员工来说，法律要求他们把发明转让给雇主。在前面的章节中我们提到，合同对于确认这些义务和明确权属关系非常重要，因此，这个领域值得管理层的密切关注。

保密合同

既然雇佣关系意味着保密性，为什么还需要与员工签署保密合同呢？对于这个问题，有几个很好的理由：你可能已经与一些员工签署了发明转让合同，能够很容易地增加一个保密条款；此外，签署一份承认你享有商业秘密的合同，能够阻止员工在将来否认这个事实；当员工知道公司对商业秘密的重视程度时，他们就不太可能泄露公司的秘密信息；新雇主也不太可能要求或鼓励员工违反合同中明确记载的保密义务。事实上，一些非常谨慎的雇主可能会干脆拒绝雇佣该员工，或者避免在某些特定的领域开展业务，就是为了避免卷入因一份措辞严格的合同而引发的诉讼。实践中，如果合同有明确约定，法院更有可能制止离职员工披露或使用商业秘密的行为。

谁应该签署保密合同？答案很简单：所有可能接触到你商业秘密的人。不要将合同局限于可能签署发明转让合同的工程师或其他发明者，许多有价值的商业秘密是由企业其他领域的员工产生和控制的，比如营销或制造领域。但是，请考虑根据不同类别的员工、承包商和顾问获取商业机密信息的程度和频率，采用不同形式的合同。（比如，没有理由让公司的文职人员签署一份在发表技术论文前进行评估的合同。）对于较小的企业，使用一种合同格式可能就足够了，因为小企业的员工往往有更多的机会接触商业秘密。

合同应当在雇佣关系开始时签署。事实上，最好的做法是向即将入职的员工提供一份合同副本，请他们在第一天上班前审阅并签署。这将避免合同是否是自愿签署的问题，或者雇主是否给予了充分的"对价"以换取员工的承诺。如果你以前没有使用过这些合同，之后突然要求员工签署它们，那么这些合同以后可能会被攻击，理由是员工没有得到任何回报。不过，大多数法院还是会执行这些合同，理由是，提供继续就业的机会构成充分的对价。

第一次被要求签署保密合同时，资深员工可能会反对。他们可能会把这份合同视为忠诚的誓言，被要求在上面签名是一种侮辱。既然与员工的保密合同不是绝对必要的，就不值得因为这个问题失去优秀的员工。但是，你应当在每一个没有被要求（或拒绝）签署保密合同的员工档案中附上一份备忘录，说明对该员工提供例外的原因。向员工提供一份说明（同时在档案中保留一份副本）并明确写明：虽然保密合同只是重申了法律已默示的员工保密义务，鉴于该员工的服务年限，公司不要求其签署保密合同。

我在附录一中提供了一份员工保密和发明转让合同的样本，其中包含了保密条款，可以帮助你起草与员工的合同。但在使用任何合同文本之前，请先咨询你的律师，因为不同的国家或州适用的法律可能不同。在起草合同时应当考虑以下因素，因为在被要求执行商业秘密条款时，法院会权衡这些因素：

员工自由择业的权利；

雇主保护有价值的商业秘密的权利；

公众在自由就业市场和思想交流中的利益。

法院会在权衡这些因素后做出判决（比如，是否对你指责违反保密合同的员工发出禁令）。因此，请抵制以单方有利的方式起草合同的诱惑（即让公司得到一切可以想象的好处，而员工个人却得不到任何好处），法院对这类条款的负面反应可能会影响如何执行保密合同的决定。

尤其是对级别较低的员工来说，如果采用"圣诞树"的方式把各种形式的限制都囊括在内，可能会成为雇主过激行为的证明，并导致合同的彻底失败。事实上，一些法院表示，很多合法的"部分约束"累积起来产生的影响可能是对员工的非法"全面约束"。

合同应当简洁明了。法律领域的"简明英语"运动让很多律师认识到，简单的语言不但比冗长的语言更容易理解，而且更易于执行。

由于保密合同是永久性文件，请不要详细定义哪些是公司的商业秘密。商业秘密的清单会随着时间而变化，未来你需要灵活地将任何新的进展成果纳入员工的保密义务中。因此，对商业秘密的任何定义都应当足够宽泛，覆盖你已经开发或者在合理预期内将要开发的所有专有技术和商业信息，无论你是否实际使用它。

在另一个条款中，合同应承认公司政策和程序的合法性，并要求员工遵守这些政策和程序。该条款应当包括对这些政策或程序不时进行修改的权利，从而允许你在合同中减少关于员工控制专有信息的具体职责的细节。

不竞争条款

你还可以通过雇佣合同限制员工的竞争行为来保护专有信息。通常情况下，禁止在职员工从事竞业行为没有问题，问题经常出现在对离职员工竞业限制的执行。由于法院对限制员工流动性的行为普遍表现反感，这是一个要特别小心的领域，在试图执行甚至使用不竞争（或"竞业禁止"）合同之前，应当征求律师的意见。

附录一中的员工保密和发明转让合同包含了竞业禁止条款的范本。请注意，美国的一些州（尤其是加州）通过法律宣布不得强制执行这类条款，除非在某些有限的情况下（比如股东或经营者在出售业务时做出的承诺）。然而，即使在竞业禁止合同得到承认的情况下，竞业限制在地理范围、持续时间和工作范围上也必须是"合理的"。如果竞业禁止合同的期限为一年或两年，并且仅适用于公司销售产品或服务的地理区域，一般会被认为是"合理的"。在许多州，法院会采用"蓝笔规则"（Blue-Pencil Rule），将竞业禁止合同的适用范围限制在较小的区域和较短的期限内，并在调整后的范围内执行合同。

由于限制性雇佣合同的规则差异很大（特别是在美国以外的国家），对每个国家的适用法律和法规进行研究非常重要。这不仅会帮助你对合同的执行产生预期，而且可以帮助你合规运营，因为在某些州或国家，仅在合同中规定某一种限制就可能违反当地的劳动法。

为避免竞业禁止合同违反法律，一些雇主仅向不参与竞争的员工提供某些离职后的福利（如养老金和分红），或者规定，如果员工参与竞争，则要求员工放弃和退还福利。请谨慎使用这些规定，因为一些法院认定这种合同属于不合理的限制而无效。此外，任何限制竞争的努力都可能被视为竞争法禁止的垄断或掠夺性行为。在某些情况下，你不仅可能会面临合同被认定无效的风险，而且可能面临其他法律责任。

　　竞业禁止合同还有其他潜在缺点。执行时需要细致、积极地跟踪了解员工的工作地点和工作性质，即使你认为自己有案可查，执行起来也会非常昂贵和充满不确定。此外，这些合同可能会使应聘者望而却步，并对现有员工的士气产生负面影响。事实上，公司的公众形象可能会因为不公平地限制员工或害怕公平竞争而受损。

　　尽管如此，一些州仍有可能强制执行一项员工协议：禁止员工未来从事一份必然需要使用或泄露现任雇主商业秘密的工作。事实上，在新近流行的"不可避免的披露"（也就是说，前员工正在从事与之前工作非常相似的新工作，以至于前雇主的商业秘密必然会遭到泄露）的诉讼中，上述合同语言可能会有所帮助。（关于此诉讼主张的更多信息，请参阅第九章。）如果在合同中加入该条款，至少能够让员工在与直接竞争对手签约前三思而行。

　　与其在雇佣合同中加入竞业禁止条款，不如与离职的"关键"员工协商签署一份咨询合同。在延续一段时间的关系中，你获得了禁止该离职员工参与竞争活动的机会，还可以将违法风险控制在有限范围内。通常，这类合同必须提供与所需工作相匹配的补偿；此外，对顾问活动的竞业限制，应当控制在保护你的业务需要的范围内。如果兼职的咨询合同不合理地阻止个人在所选领域的工作，那么该合同可能会被认定无效。

　　也可以让新员工签订一份咨询合同，合同在雇佣关系终止时生效。在这种安排下，员工同意在正常雇佣关系终止后的特定时间内在公司担任顾问。同样，届时你必须支付员工相同或接近的薪水，而且合同的期限应当合理。需要注意的是，这种安排可能无法在所有的州或所有情况下得到执行，在实施这种方法之前，应当咨询你的律师。

顾问及独立承包商

由于顾问和承包商拥有很多特权，尽管受聘时间较短，也必须承担保密义务。事实上，对于顾问来说，明确保密性可能更为重要，因为顾问关系的性质表明他们以后会为竞争对手工作，或者可能直接与你竞争。此外，顾问可能同时在为其他公司工作。所以他们会出现"临时员工"的所有问题，而且问题被放大了几倍。请记住：顾问的诚信与他们的创造力和效率同样重要。

针对顾问合同中的相关安排进行谈判，避免因顾问的工作历史可能产生的冲突。必须确保顾问不会把其他客户的保密信息与你的信息混为一谈，而且执行新的任务可以在不违反对任何前客户的义务下完成。坦诚地讨论你的顾虑，以确保顾问能够敏锐地意识到有必要把你的工作单独处理并予以保密。讨论的问题应该包括：你是否意识到会接触到我们的保密信息？在你开展的工作中，每一方享有的权益是什么？你认为能够从这次任务中获得什么信息并在以后使用它们？你打算把咨询报告作为"范本"给别人看吗？你打算把我们的数据纳入汇总的工作摘要中吗？你计划在这个项目期间和之后建立哪些其他业务关系？在你提交咨询报告后，还有可能继续为我们服务吗？

将顾问的访问权限制在那些开展工作所需的设施、记录和人员范围内，请密切监督顾问的工作，在终止合作关系时，请顾问提供额外的保证，明确顾问将采取何种措施来保护你的数据的完整性，包括该委托项目的成果。

与顾问的合同，包括保密义务和其他限制，应当以书面方式作出。

如果你想对任何生成的材料提出权利要求，采用书面方式尤其重要。版权法要求任何涉及"雇佣作品"（即不是由正式员工完成的职务作品）的合同必须是书面的。（有关包含这些条款的顾问合同范本，请参阅附录四。）

供应商

请在你的采购订单和采购合同中使用以下（或类似）语言：

- 供应商同意对与本订单有关的所有信息保密，并仅为履行本订单的目的使用该等信息。在工作终止时，所有包含该等信息的文件应归还给XYZ公司。

- 除了你用于区分专有信息的常用图例和印章，以及供应商合同中关于保护专有信息的规定外，在你提供给供应商的任何机密文档上使用以下图例（或类似内容）。

- 本文件所包含的数据是XYZ公司的专有数据，仅用于填写其采购订单使用。这些数据不得以其他方式使用或披露。本图例应出现在本文件的任何副本或摘要上。

- 除了销售商品的供应商外，还应考虑定期访问公司的服务供应商（例如，清洁人员、设备维修人员）。让他们签署一份基本的保密合同，特别是在你不经常要求所有非员工访客都签署此类文件的情况下。

关于供应商的最后一点提示：保密合同不仅仅保护自己的秘密免遭滥用，有时候供应商的合同还包含限制你使用提供的信息以及购买的产品或服务的条款。如果管理不当，这种"隐藏的保密合同"可能会成为一个问题。有一次，卡特彼勒公司决定设计自己的耦合器，以替换从供应商那里购买的零件。供应商提起诉讼，声称卡特彼勒的设计使用了其提供的保密信息，并因此获得了7400万美元的赔偿金。（更多要点请参阅下文关于保密协议管理的章节，以及第八章关于避免信息污染的内容。）

客户和销售代理

与受雇的销售人员一样，销售代理、销售代表或分销商可能是机密信息泄露的重要来源。告诉他们什么可以披露，什么不能披露，并让他们签署一份书面保密合同。与员工不同，销售代理职位的保密性并不那么明显，因此需要合同提供明确的定义。

在与客户的交易中，合同是保护商业秘密的唯一途径。即使你的技术可以通过对产品进行逆向工程而被发现，一份措辞严厉的保密合同可以抑制客户实施逆向工程的诱惑。事实上，你可以通过在合同中加入禁止逆向工程的条款来防止它的发生。通常，潜在的客户会要求访问你的机密信息，以评估你作为供应商的资格。你必须通过一份简短的保密合同，明确在此过程中收集到的信息将受到保护。

在某些情况下，其他人可能会要求你从客户处获得适当的保密承诺。比如，你的产品中包含了根据第三方许可获得的保密信息，如果你没有获得这些保证，可能会违反许可合同。

投标书或建议书中应当始终包含保密条款；这些文件通常包含定价公式或其他保密信息。如果客户无视其义务并披露了这些信息，你可以使用合同强制达成另一份协议（甚至获得法庭命令），从而禁止获得客户信息的人使用或进一步披露。

潜在的业务合作伙伴

在与潜在的业务合作伙伴进行交流时，其中一方或双方可能会披露敏感信息，请务必清楚地了解该信息交流产生的义务。根据我的经验，该问题在"初期"会议中经常被忽视，后来可能已为时已晚，无法让你的数据得到充分的保护，也无法避免被对方的信息污染。为了控制这些风险，需要从一开始就把保密问题摆在桌面。如果你这样做，要么得到对方的确认，要么双方出现分歧，你需要立即解决这个问题。

严格来说，书面合同并不总是必要的，因为交易背景（比如，长期信任的商业关系或行业公认的惯例）可能提供了必要的保密基础。然而，对于披露信息的公司来说（也可能是双方），书面的保密合同会消除所有疑虑，并提供了显而易见的好处。保密合同保护了披露方（可能）申请专利的权利，确立了信息披露方禁止信息滥用的权利，阻止信息接收方滥用信息；并且可以作为保护商业秘密采用的"合理努力"的证据，使法院更有可能在必要时介入。

当然，并非所有潜在的商业交易都在保密的背景下讨论。事实上——这一点在大公司与小公司或个人打交道时尤为重要——以书面形式确认交易的"非保密性"可能非常重要。（非保密合同样本见附录三）这往往是交易开始的方式，作为一个现实的问题，一些人有非常好的想法，但他们在行业内没有业绩，不得不同意最初的会议是非保密的，也不得不相应地设计演示文稿，通过有限的披露来树立可信度，争取对方同意签订保密合同并获得更多信息或查看原型或专利申请。（关于避免信息污染的问题，第八章有更详细的讨论。）

合作和合资企业

上一章中，我们探讨了关于协作管理"开放式创新"的一些动态和战略。这里，我们将重点讨论在规范这些关系和确保其安全，从而实现强有力的信息共享方面，合同所发挥的作用。

一般来说，缔约活动有四个阶段，与上一章所采用的浪漫比喻相对应。

求爱：获得保密合同和评估交易；

承诺：合同的谈判；

婚姻：管理过程；

离婚：确认知识产权的权属，归还资料。

保密合同（可能在非保密交流之后）允许对未来关系的风险和利益进行认真评估。但是，由于尚未做出任何承诺，确保你的利益受到妥善的保护非常重要，以防双方的合作无法进入下一阶段。未经律师的认真考虑和建议，你不应该被迫签署其他人的"格式"保密合同。请记住，保密合同不是一种"格式"，而是一份合同。一个提议的"遗留"条款（请参阅下文）应该是一个危险信号，促使对方坦率地讨论如何保护你的敏感信息不被疏忽滥用。请记住，大多数的侵权都很难发现，保密合同的谈判会为你提供一个机会，来检验你对对方的信任程度，以及你愿意承担多大的风险。

对于那些与小公司打交道的大公司，签署保密合同的风险特别高——大公司可能从事许多不同的研究领域，并不是每个人都能充分理解保密合同带来的轻微信息"感染"会对各种正在进行的、考虑或可能进行的项目造成什么影响。这就是为什么你需要特别清楚地定义什么是"机密"，什么不是。对于和大公司打交道的小公司来说，你可能会特别关注合作伙伴组织内部的人员流动，应当考虑在保密合同中明确说明对你的数据采用什么样的内部控制。

在承诺阶段，你的目标是确保从交易中获得预期的全部利益，特别是知识产权，同时保护自己免遭最坏的不利风险。一个典型的安排是，每家公司都贡献出某种形式的知识产权（包括商业秘密）和其他资产，这些资产需要被明确识别，以便最终能够被归还。然后是共同开发的特殊信息，也必须非常仔细地记录下来。其中一方面是所有权问题，因为共同所有人可以自由地处理信息，包括发布信息，因此所有权通常被分配给一方，而另一方取得有限的使用权。另一方面是发明人身份问题，合同应要求指明所有对创新作出贡献的个人，以便追踪他们在保护知识产权方面的合作义务。

与"婚姻"阶段不完全相似的是，你从一开始就知道与商业伙伴会离婚。但尽管现实如此，一些参与者可能仍然迷恋并允许他们的热情来克服合同对于共享和记录的限制。这是合同管理最集中的阶段，应确保这些义务得到严格履行。请记住，通过参与这种联合活动，你将在未来受到某种程度的限制，而你希望根据合同中体现的风险分配合理预测受限程度。

离婚可能相对简单，但与其他阶段相比，需要同样多或更多的关注。这种精力可能很难集中起来，但要考虑可能出问题的地方。如果你没有坚持要求自己的团队向对方归还所有数据，或者没有遵守终止条款，那么你可能会面临诉讼风险，未来的创新作品可能会被这些未经授权的信息污染。在这一点上，证明相反的事实要比正确清理问题困难得多。反过来说，合同管理职责的一个重要部分是监督对方遵守其义务，不仅仅是返还信息资料，还要确保对方的员工遵守谈判确定的任何持续性限制性义务。

保密合同的管理

保密合同可以很简单（比如附录二提供的例子），但仍然符合商业目的。通常会有一些重要的问题需要考虑和协商。事实上，当对方提出一个看似复杂的结构时，也许正是处理和解决问题的机会，否则可能会在以后的关系中产生问题。在开始阶段一定要把保密问题分开，不要试图把保密合同作为谈判实质性交易的平台，那是以后的事情。本节中，我将根据亲身经验介绍保密合同中比较典型的争议问题，或者至少是在一开始就引起问题的事项。

第一个具有挑战性的问题是如何界定应当作为秘密给予保护的信息。在简单的交易中，只要承诺将披露的任何信息视为秘密，就可以覆盖这个问题。在高风险的交易中，这通常是不够的。为了更加精确，保密合同会在一开始就明确一个特定的主题，同时要求所有的"保密信息"以书面形式在文件上标注，如果是口头披露，则要在一定天数内提供书面通知。理论上，应该形成具体的书面记录，确切地记录分享的内容。但需要注意的是，披露方需要真正规范地跟进，以确保通知是全面的，并且是在规定的时间内给出的。而接收方在收到通知时，也要花时间看一下，与当时参加会议人员的回忆进行比较，如果通知含糊不清、言过其实或不完整，就要提出（通常是书面）反对意见。根据我的经验，人们很容易忘记这些"细节"，也很容易让误解演变成诉讼。

典型的保密合同包括一个"例外"条款，约定无论披露什么信息，对于一般人都知道的或不属于商业秘密的信息，或独立于双方关系而获得的信息，不适用保密义务。这些规定既合理又常见。但要小心所谓的"残留记忆"条款，该条款有一些变体，规定"保密信息"不包括信息接收人"保留在独立记忆中"信息。你可能会认为，这样的例外可以吞噬规则，你是对的。然而，一些非常大的公司很担心他们正在进行的其他项目可能会受到干扰，而且相对于那些想要与他们打交道的人来说，这些大公司的势力非常强大，因此能够坚持这一宽泛的保留条款。因此，如果你是需要争取"残留记忆"条款的人，这肯定会减轻你的风险，但如果你是被要求的一方，请询问提议者担心的是什么；看看是否可以用更狭义的语言来解决这个问题。如果他们在这个问题上施压，你需要决定是否愿意让他们的"独立记忆"造成的风险转移到你这边。

签署保密合同的公司经常忽视的一个问题是：尊重对方商业秘密的保密性意味着什么？当然，你不会有意识地滥用或披露它们。但是，对他人信息的"注意义务"是什么？通常情况下，这一问题都被忽略了，签约方倾向于使用一个条款，只要求接收方在处理收到的信息时，采取与保护自己商业秘密相同的谨慎程度。但正如信息安全专家 Naomi Fine 指出的那样，这种解决方案回避了一些非常重要的问题。接收方如何确定哪些员工"需要知道"？如果接收方对自己的信息采用不同程度的控制，那么对受信任获取的信息应该采用其中哪一种控制？应该使用什么样的数字和物理保密方式？密码和上锁的柜子就够了吗？更重要的是，商业秘密的拥有者是否清楚地知道其"皇冠上的宝石"会被用来做什么？这里要传达的信息是，双方应当在交易的前期就解决这些问题，而不是等到有损失时再去指责对方本应采取什么措施来防止这种损失。

最后，要注意合同在约定时间后终止保密义务的条款。这种限制可能有一个很好的理由，特别是从接受方的角度来看，因为接收方希望避免永久承诺的履约负担。但是，对于任何在特定时间后终止保密义务的合同，披露方必须仔细考虑。实际上，这意味着此时你的秘密已经没有价值，或者说至少有人知道你的秘密但没有义务为其保密。

我们将在第十三章看到，尽管全世界都理解保密的基本概念，不同国家的标准和预期会大相径庭。例如，一些国家限制了对保密义务在主要关系终止后的执行；另一些国家则要求将某些技术权利转让给当地的合作伙伴。因此，尽管你可能更倾向于采用一种适用于世界各地的保密合同文本，但这可能是不现实的，特别是对于影响较大的交易而言。一般来说，你需要确保你的海外交易和业务由当地律师审查的合同覆盖。严密的管理包括：确保所有披露都记录在案，确保有权访问的员工和承包商（不仅仅是其外国雇主）与贵公司（作为指定的受益人）签署保密合同，并确认他们可以访问特定的机密信息。

最后，请记住，签署适当的保密合同后，你作为管理人的工作并没有结束，而是刚刚开始。事实上，根据我的经验，更多的问题来自对保密合同义务的管理不善，而不是合同中存在或缺失的内容。上文已指出发生这种情况的一种方式，因为人们忘记发送口头披露的书面确认，或者忘记检查收到的确认。更多的错误可能发生在交易的过程中人们以草率的方式处理信息时，或者在交易结束后文件没有按照合同要求销毁或归还时。这个教训很明确：在交换和受托保密信息的任何交易中，都需要有人具体负责，确保所有信息得到正确的处理和记录。

第七章

商业间谍和竞争情报

执法人员往往会强调，数据驱动下的全球化经济中只有两类公司：一类是知道自己被黑客攻击的公司，另一类是尚未意识到自己已经遭受黑客攻击的公司。这种说法一点也不夸张。过去，在有形的资产世界中，商业间谍活动时有发生，但通常需要侵入保存信息的设施，或者从粗心或不诚实的员工那里截取文件副本。这种传统意义上的间谍活动针对的目标通常只有一个，往往可以通过物理安全措施和文件控制程序有效地加以防止。

如今，信息窃贼正时时刻刻试探着你的锁、窥伺着你的系统，跃跃欲试，每天24小时不间断，一周七天不停歇。当然，这不过是个比喻，因为不再需要对设施物理入侵，只要侵入网络系统就可以悄无声息地掠走数百万条信息记录。当信息在企业资产中的占比很高，而且为了让信息资产发挥作用，不得不把它们发送给在世界各地的工作人员时，可能的网络侵入点会成倍增加。大规模的机密窃取行动变得如此简单。

行业的信息完整性日益受到严峻挑战，对竞争相关的信息收集需求越发强烈，因为这有助于企业自身作出决策。理论上，竞争情报的收集一直是智慧商业战略的核心，而且可以合法地、合乎道德地进行。但是，正当研究与不正当使用之间的界限从本质上来看就很模糊，并且需要结合背景具体分析，因此对专业人士自身行为的规范以及公司管理层的管理都有一定的难度。其中的风险很大，因为一旦跨越界限，就需要花费高昂的成本面对诉讼，甚至将面临刑事指控。

本章将分析商业间谍活动，这有助于企业更好地理解信息资产管理中潜在的风险。此外，本章也分析了如何区分合法和非法地收集竞争数据。这不仅有助于避免不道德的行为，也有助于了解其他人收集公司信息的方式，以便设计防御策略。

商业间谍活动

从巧克力的故事说起：罗尔德·达尔（Roald Dahl）的经典小说《查理与巧克力工厂》[①]中有这样一个桥段：爷爷向查理解释了为什么旺卡先生不得不关闭工厂：

"查理，不久前有数以千计的人在旺卡先生的工厂工作。突然有一天，旺卡先生不得不把每个员工都辞退，让他们回家，再也不要回工厂工作。"

"但是为什么呢？"查利问。

"因为间谍。"

"间谍？"

"没错。你看，其他巧克力制造商开始嫉妒旺卡先生制作出的美味糖果，于是他们开始派间谍偷取他的糖果秘方。这些间谍伪装成普通工人在旺卡的工厂里工作。而当他们进入工厂工作时，每个人都准确地发现了那些口味独特的糖果制作方法。"

对此，旺卡的解决方案是，只雇用以极度忠诚而闻名的奥柏—伦柏人。在小说之外的现实世界，雇佣特定人种进行工作可能不是避免信息泄露的可靠战略，反而会增大信息泄露的危险，尤其是由网络间谍造成的危险，这种情况是真实存在的。全球最大的专业安全技术公司 McAfee 认为：全球经济每年因信息泄露造成的损失在 6 亿美元左右，占全球 GDP 的 0.8%。当然，关于商业秘密盗窃的统计数据多少有些不准确，其中部分原因在于，商业秘密盗窃带来的损失往往不为人知（因为担心引起竞争对手的注意或引发股东诉讼），而且受害者自己都不知道自己受到了攻击，因为他们的信息仍然保存在原来的地

[①]　《查理和巧克力工厂》（*Charlie and the Chocolate Factory*）作者罗尔德·达尔。该小说讲述了小查理在其小镇上的全世界最大的巧克力工厂的奇遇（故事）。

方——信息只是被复制了。此外，衡量保密信息的具体价值本身就存在困难，因此不难理解为什么要采取"合理的猜测"衡量商业间谍行为对全球或具体国家产生的影响。

尽管问题的范围可能很难精确地确定，企业与行业中心（Center for Responsible Enterprise And Trade，简称 CREATe）和普华永道会计师事务所共同出具的 2014 年报告（《商业机密盗窃对经济的影响》，*The Economic Impact of Trade Secret Theft*）指出，个别企业不会面临这些问题，因为它们能够评估自身信息的相对价值、面临的威胁并采取有效的保护措施。当然，传闻证据仍然可以印证：几乎每周都有媒体报道大型公司系统遭受黑客攻击，常识告诉我们情况正在变得更糟，我们需要对此加以注意。

业内领先的安保公司的年报强调，违规行为的根源来自于个别国家。但是，仅仅把这些国家作为问题根源是严重的错误。首先，归责难度非常大，因为黑客通常会采取各种伪装，通过各个国家/地区的多个服务器来传输他们的文件。其次，商业间谍和网络犯罪的活动轨迹遍布全球，他们可以轻易地进入任何竞争对手的内部，或是进入希望快速推动国内产业的任何国家。这就是过去三十年来商业间谍活动态势剧烈变化的根本原因，他们可以通过公司员工、供应商和业务合作伙伴所携带的笔记本电脑或者手机等成百上千个"终端"进入公司的虚拟网络。别忘了，2014 年塔吉特公司（Target）数据泄露案，就是黑客通过其空调承包商完成的，而该承包商本身就是网络钓鱼攻击的对象。（后文将详述网络钓鱼这一手段及其他方式。）

黑客窥伺着各种组织

网络攻击的对象并不局限于大公司。根据美国国家小企业管理局

（National Small Business Administration）的数据，近一半小企业声称曾遭受金融或数据盗窃。初创企业通常会被其他需要优先解决的事务分散注意，从而让黑客有了可乘之机。即使是资金充沛的初创企业也可能受到攻击。色拉布（Snapchat）是一项旨在加强隐私保护的"阅后即焚"的信息服务，却在2014年的信息泄露事件中导致400多万名客户的姓名和电话号码被曝光。当时有评论员称，小公司创始人处理信息安全的方法仍然只有祈祷公司不会被黑，如果被黑了就请求客户的宽恕。

高校作为大量应用型研究的孵化摇篮（通常与业界合作完成），也很容易成为电子窃贼的目标。这是因为高校之间的网络具有开放性，而这一网络通常基于优化各个不同研究机构的学者之间的协作之目的，也对成千上万的学生开放。《纽约时报》曾有一篇报道称，美国一所大型研究型高校每天要经历近十万次的网络入侵。

黑客如何入侵？

网络入侵是怎样发生的？一般有两种基本入侵路径：利用系统本身的漏洞，或者利用人类的疏忽大意为黑客打开方便之门。

网络由软件运行，而软件是由多人在很长一段时间内构建的复杂结构，通常可以独立运行。软件在最初的开发阶段会产生大量的缺陷，而且在代码的生命周期中也处处存在缺陷，因为软件会不断迭代和调整。最好的情况是，在发布软件之前修正这些缺陷，但经常会有遗漏，于是这些缺陷就表现为该网络防火墙的弱点，也被称之为"漏洞"（vulnerabilities），对于那些想利用漏洞入侵网络的人而言，它们是黑客工具的基础，被称为"漏洞利用"（exploits）。具有讽刺意味的是，公开宣布的修复或修复错误的"补丁"有时会吸引黑客，因为他们知道许多公司不会及时安全更新系统。

黑客发现的漏洞信息有一个现成的市场。这些漏洞可能会被卖给包括犯罪组织在内的其他黑客、网络及系统运营商，以及相关产品（例如谷歌、微软或脸书）的所有者。漏洞信息甚至可能卖给包括美国政府在内的各国政府（对此美国的一般政策是公布这些漏洞信息，防止黑客市场利用漏洞，但出于国家安全原因，至少会保守一些秘密）。最重要的信息漏洞现价从几千美元到 250 万美元（苹果 iOS 系统的一个确实存在的漏洞）不等。价格最高的是"零日漏洞"[①]，这是过去不曾为人发现的漏洞，因此完全没有时间准备防御措施，一旦漏洞被发现，黑客就立即利用漏洞或通过 RAT（远程访问工具）侵入系统并开始窃密。

"自带设备"（BYOD）带来的问题

到目前为止，本文一直在谈论互联网。但请记住，近年来传统的企业网络已经彻底转变。传统上是由企业实体从内部（或多或少地）连接了许多台式计算机和公司配备的黑莓机，现在已转变为员工拥有的种类繁多又互通互联的智能手机、平板电脑、智能手表和个人笔记本电脑，每台设备都有自己的数据存储并可以与外界通信交流，它们被称为"自带设备"。如今，广泛使用的 BYOD 代表着一种妥协：一方是关注网络完整性的企业 IT 专业人员，另一方是希望能够完全使用自己的设备开展工作的绝大多数员工。双方进行了长时间的博弈，这种博弈在一些组织中仍在持续。

让员工用自己的手机接入公司网络的确有一些好处，这样即使员

---

① "零日漏洞"（zero-day）又叫零时差攻击，是指被发现后立即被恶意利用的安全漏洞。通俗地讲，在安全补丁与瑕疵曝光的同一日内，会出现相关的恶意程序。这种攻击往往具有很大的突发性与破坏性。

工不在办公室，也不太可能就此失联。但 BYOD 的多样性激增带来了非常严峻的风险。移动需求强的员工重视便利性，他们倾向于将公司文档上传到诸如多宝箱（Dropbox）的云存储器中。在 2011 年的某一天，有 2500 万 Dropbox 账户失去密码保护，完全对外开放长达四个小时。这不仅是数据从网络泄露的糟糕情况，还涉及网络交互的移动应用程序。从安全的角度来看，这些应用程序（在美国已超过 600 万个），而且很多编写得差强人意，无法彻底清除可能导致系统遭受入侵的漏洞。例如，许多应用都可以访问其所在的硬件相关信息，并且可以通过未加密的形式传输这些信息。不仅要考虑自己的员工，还要担心供应商和其他合作企业的员工可能获得公司的敏感数据，应该如何对他们使用移动设备加以控制？

与电子安全的其他领域一样，BYOD 风险的类型因具体行业和公司而不同，并且会随时间而变化。但是，在信息安全领域中以下事项应当是重中之重：首先，应当制定设备使用、管理和安全性方面的明确政策，其中可以包括限制使用某类应用。多年来，IBM 禁止其员工使用云计算手机应用（如多宝箱 Dropbox）。无论采取何种政策和控制措施，请记住，员工通常是带着一套非常随意的假设来处理这个问题的，他们更在乎便利性，而非安全性。因此，相关培训和意识的树立应当放在首位。第二，注重技术缓解措施。现代企业系统包括移动设备管理（MDM）工具，可以远程配置设备、监控设备上的内容，甚至在数据丢失时删除数据。MDM 技术还可以对存储在设备上或同设备通信的数据进行加密。

定向的假消息

数据窃贼侵入公司网络的第二种主要方式，与其说是技术漏洞，不如说是人为漏洞。这些技术中最流行的一种被称为"鱼叉式网络钓鱼（spear phishing）"。网络钓鱼是互联网早期的术语，指伪装成高信用公司的一种行为，目的是诱使他人交出敏感信息（如密码或银行业务明细）、诱骗他人点击有恶意软件的网站的链接，或是诱骗打开附件（该附件会迅速感染用户计算机）。网络钓鱼最初通过群发邮件实现，现在已经演变为采用复杂的社会工程技术针对特定的个人，被称为"鱼叉式"网络钓鱼。这种入侵方式对于忙碌且经常粗心大意的高管特别奏效，公司高管最有可能接触到重要的商业机密，并且个人档案都是公开的，可以利用他们的档案虚构出合理的信息。其中最具影响的一种鱼叉式网络钓鱼事件发生在 RSA 内部，黑客利用该公司用于远程访问的 SecurID 认证令牌设备接入公司网络，而这些令牌设备非常普遍，并被认为相当安全。一名 RSA 员工轻信了一封名为"2011年招聘计划"的假邮件，而这封邮件表面上看起来有正当来源。该员工点击附件下载了恶意软件，之后该软件收集密码，让黑客访问了 RSA 网络，并利用遭到泄露的 SecurID 认证令牌进入了客户公司的网络。

鱼叉式网络钓鱼的一种变体是劫持电子邮件"会话"，即在邮件中出现一个或多个熟人的名字（通常伴随准确的电子邮件地址），这些邮件看上去十分正常，邮件主题（比如近期的展销会或发布会）似乎也足够合理，进而诱使收件人点击有兴趣的网站链接或是看上去信息丰富的附件。

社交媒体平台为黑客提供大量个人信息，他们可以利用这些信息制作逼真的、个性化的网络钓鱼信息。除此之外，还可以直接利用网站本身诱使人们加入虚假的团体、调查或事件之中。有时使用优惠券作为诱饵，其他陷阱还包括虚假"点赞"按钮、可供下载的浏览器扩展插件或令人心动的报价，目的都是令访客将信息分享给朋友。所有这些社交网络诈骗都基于同样的心理——人们习惯于快速连接、分享和展示，以至于或多或少的，一旦看到有吸引力的内容就会自动转发分享。

这一原则在"水坑攻击"（Watering Hole Attack）中同样适用。之所以将其称为"水坑攻击"，是因为它吸取了动物的狩猎策略：在喝水的地方跟踪猎物。在这种策略中，黑客将人们引诱到已知的网站，而该网站本身已被悄然篡改，黑客在其中设置了陷阱和专门的工具入侵访客的系统。例如，一群黑客试图侵入一家大型石油公司的网络，由于无法直接侵入，他们找到了石油公司员工经常光顾的一家餐厅，然后入侵该餐厅的网站（餐厅的网站更容易破解），并在线上菜单里植入了恶意软件，因为石油公司员工点餐时一定会点击线上菜单。这种策略得逞了，通过餐厅菜单黑客们成功入侵了石油公司的"安全"网络。

一旦侵入，黑客就会潜伏在数据库中

黑客入侵系统后会做什么呢？其实黑客不像入室窃贼，更像是潜伏在人体中的病毒。通常他们不会立即行窃，而是在系统内安营扎寨，躲避入侵检测软件并且寻找机会深入系统，找到最有价值的信息位置。插入式恶意软件会自动进行下一步行动，比如在静音模式下记录按键（目的是获知新密码）、监控屏幕，甚至远程控制麦克风和摄像头。黑客会在系统内植入"卧底"，可以自我复制、适应环境变化、禁用防火墙并以最难被发现的方式发回数据。

因此，必须知道数据泄露并不总像猫捉老鼠那样简单，而是越来越趋向于在系统内植入自动小工具，在相当长的一段时间内持续感染系统。据安全研究公司波耐蒙研究所（Ponemon）分析，数据泄露被发现的平均时间是197天。这段时间里不仅系统会受到损害，入侵者还会利用这段时间"挖掘"和强化自身。这就是入侵检测在风险管理方面扮演重要角色的原因。

加拿大网络巨头北电公司（Nortel）的数据失窃事件具有相当的启示意义。黑客设法窃取了包括首席执行官在内的七位高管的网络密码。近十年来，通过嵌入在北电内部的间谍软件，黑客们几乎可以不受限制地访问北电的系统，下载研发信息、商业计划、电子邮件和报告，间谍软件伪装得极为巧妙，以至于调查人员甚至花费了数年时间才发现问题的严重性。虽然更改了密码，但为时已晚。2009 年，提供美国近一半电话交换装置的北电申请破产。后来信息泄露事件被披露，北电的收购者面临棘手的问题——解决收购资产中的未知漏洞。这一事件不仅为公司防范安全威胁提供了经验教训，也为收购公司提供了经验教训，即有必要将尽职调查扩展到惯常的调查范围以外。

应当如何应对商业间谍活动？

经理或企业主应当如何应对商业间谍活动的威胁？首先，请记住，虽然间谍活动吸引了很多媒体的关注，但间谍行为仅仅只是信息泄露的冰山一角。无论是主要行为人还是不知情的人，公司员工——以及商业合作伙伴的员工——都是公司系统中最薄弱的环节。正如第五章所述，进行员工培训是最为经济有效的措施。

第二，注意最基本的安全措施。简单密码的时代即将结束，请接受这一事实，改用生物识别或双重身份验证系统。密切关注软件更新，尽管优秀的杀毒软件可以抵御某些网络攻击，但消费者和企业往往会忽略下载最新的补丁和更新。

第三，加固外部电子环境（比如，使用稳定的防火墙），但不要以为这样做就可以避免网络入侵。随着技术的动态发展，系统难免

商业秘密：网络时代的信息资产管理

被入侵。在可以负担的条件下投资实时定位、智能检测和分析的工具。这种软件通常被称为数据丢失预防工具（Data Loss Prevention，DLP）。

审查所有的"终端"，而不仅仅局限于网络，其中包括员工的智能手机与合作伙伴的系统。尽可能加密数据，尤其是在"数据传输过程中"。部署多方法、多层次的保护措施。

保持忧患意识。不妨经常假设自己受到了攻击并且遭受损失。这种态度将有助于避免最坏的问题。

最后的建议：回顾第五章的内容，研究 NIST 框架（这是系统网络安全协会排名前 20 的重要安全控制措施），考虑聘请网络安全公司进行信息安全检查。

竞争情报

正如研究竞争情报的顶级专家伦纳德·富尔德（Leonard Fuld）所言，竞争情报意味着"提供及时、深入的竞争和全球洞察力，同时帮助决策者看清未来市场的不确定性"。试图找出竞争的相关信息并没有错。事实上，这是预料之中的行为，因为商业上的成功很大程度上取决于让自身脱颖而出。相比于从其他公司窃取信息，当所有的公司都致力于改进自己的产品和服务时，任何自由市场经济都能达到最好的运行状态。不可否认间谍活动是不好的行为，而且会带来严重的麻烦。但是，它的界限在哪里呢？

这是法律和道德的交汇点，我们只能描述原则和准则，而无法作出界限清晰的规定。回想一下，杜邦公司案中的法官不认可杜邦竞争对手驾驶飞机飞过建筑工地拍摄照片，并强调它与今天的卫星成像之间的区别。[①] 我们也看到，翻找他人垃圾的行为是否正确，取决于法官的立场以及垃圾存放的位置。

什么是构成非法行为的"不正当手段"，取决于具体案件的情况，而且通常依靠印象。法律规定的是高度抽象的原则，而具体行为则发生在实际生活中。当激励机制的目的是获取竞争中最"有用"的信息时，人类强大的否认和自我辩护能力开始发挥作用，使事情变得更有风险。这些风险可能会根据员工所处的地理位置而不同。根据富尔德（Fuld）在 2010 年所作的一项调查，美国和欧洲的调查对象认为，员工作出关于自身的虚假陈述会招惹事端而且几乎是非法的，但亚洲人和拉丁美洲人往往会觉得这个行为很正常。

管理需要

判断竞争情报是否可以接受的标准，在本质上是模糊和变化的，因此判断竞争情报需要严格的"家长督导"（Adult Supervision）[②]。承担这一职能的人不仅需要了解工作目标，而且需要了解重大的道德和法律风险。如果没有良好的管理，即使"成功"获取了有价值的数据，也有可能陷入诉讼或声誉受损的噩梦。

看看甲骨文公司（Oracle）。2000 年，甲骨文公司像软件行业的

---

① 1970 年美国第五巡回上诉法院审理了著名的杜邦公司诉克里斯托弗案，原告指控被告高空拍摄暴露在建筑工地上的机密设施，侵犯其商业秘密，被告辩称原告未加盖顶棚保护其机密设施，在处于公共领域的高空摄影并不违反政府的航空规定。法院认为，要求杜邦公司在未竣工的厂房上空盖上庞大的顶棚，不仅耗资巨大而且也是不现实的，因而没有理由要求杜邦公司采取上述这种不合理的预防措施来防止其他人做不应当做的事。

② Adult Supervision "家长督导"模式就是由一位经验丰富的高管协助涉世未深的初创企业创始人管理企业，帮助企业抵御快速增长所面临的各种风险，并将创新理念或突破性技术转化为有形的公司业务或产品。

一些公司一样，密切关注与竞争对手微软公司的反垄断诉讼进程。甲骨文公司怀疑一些支持微软的组织潜伏在公司内部，因此聘请了一家机构进行调查。据报道称，甲骨文向清洁工付费翻查员工的垃圾桶。当此事公之于众时，甲骨文公司试图否认这种行为，辩称这是"公共服务"，但公众并不买账。在"垃圾门"事件之后不久，甲骨文的股价受到重创，公司总裁辞职。

第四章提出，法律提供的只是一般指南。美国的《统一商业秘密法》和《保护商业秘密法》采取部分列举的方式定义了"不正当手段"：包括"盗窃、贿赂、虚假陈述、违反或诱使违反保密义务，或通过电了或其他手段进行间谍活动"。协调国际商业秘密法的 TRIPS 协议采用了类似的行为标准："有悖于诚实的商业惯例"，并提出该行为"至少应包括违约、泄密和诱使违约"。

在本节中，我们将探讨如何将这些本质上含糊不清的标准转化为一些实用的政策和方向，供员工们参考。此外，本章也将深入研究最经得起考验且最可靠的获取竞争情报的方式：对竞争对手提供的产品进行逆向工程。

利用公开资源

利用公开信息（包括专家采访）获取"开源情报"或"基础研究"，是收集竞争对手信息最简单和最安全的方法。这种方法的优势不在于数据的独占性，而在于分析数据的方式。互联网和社交网络可以提供大量潜在的相关信息，其中最有用的信息可能已经由目标公司自己发布。在美国，向地方政府和联邦政府（如美国证券交易委员会）提交的报告（例如，UCC-1 债务担保报表）也可以得到有用的数据和见解。其他国家通常有类似的官方登记机构，有些国家有类似于《信息自由法》的相关透明法案，允许公众获取相关信息。（关于如何防止自身信息被政府所不当披露的内容，请参见第十一章。）查看法庭文件也可能会有很多发现，而且这一行为通常不会被审查。

但是，最有用的一些信息可能并不会让你一眼就发现。在网络上，竞争情报专家可以发挥创造力和生产力，但也可能接近红线。美国竞争情报专业人员协会（Society for Competitive Intelligence Professionals，SCIP）公布了《职业道德规范》（*Code of Ethics*），但与"不正当手段"的法律标准一样不具有指导意义。例如，该汇编要求协会成员"遵守所有适用的法律""披露所有相关信息"并"避免利益冲突"。个别评论员建议从事竞争情报工作的人停下来，考虑一下他们的母亲会怎么想，公司的律师会怎么想，或者如果他们将要做的事情刊登在明天的报纸上，会是什么情形。但是，尽管有时可能有用，这些简短的指南并没有真正解决员工错判特定形势进而说错话或做错事的风险。

问题行为

以"虚假陈述"为例。几乎每位业内人士都认同，冒名顶替另一个人获取竞争情报是错误的。法院也同意这种观点。一家公司因安排假冒的服务工程师检查竞争对手的秘密设备被成功起诉。但是，如果该员工不透露自己为谁工作呢？如果公司的员工没有主动询问，可以指责他们不重视公司信息或没有尽到"合理努力"吗？下面的这个例子体现了商业秘密法固有的模糊性，并且在相似的案件中难以预测案件结果。

在很多案件中都可以发现，被指控窃取商业机密时，被告会试图采取这一论点。偶尔这个观点能够奏效，特别是如果被告公司的动机不存在过错，并且看上去是意外接触到的这些信息。但是，如果法官获知的事实表明，被告明知原告可能会认为披露该信息是不安全的，那么法官更有可能认定被告的行为属于"不正当手段"，而不是因为原告未作出合理努力。因此，当披露身份与目的时，安全（且道德）的做法是充分告知目标公司自己的身份和交流的动机。（但是，在展销会或发布会上，这可能并没有必要，因为目标公司之所以参会或参展，就是为了与每一个人进行交流，并且愿意在不知道交谈对象是谁的情况下回答问题。）

另一个关于道德决策困境的例子是，人们可能会在无意中听到谈话内容或看到其他人正在笔记本电脑上做什么。那么，是否可以从粗心的人手里获得这些信息，或者是否可以认为任何一个了解信息的人都会披露他们的身份？如果有人刻意前往一家竞争对手的员工经常光顾的酒吧，希望探听他们在发布新产品时遇到的问题，那又会怎么样呢？我们都知道行贿是错误的，但是请某人喝几杯饮料并听听他们的谈话内容，也是错误的行为吗？公司是否关注在法庭上回答这些问题的风险？

员工面试也可采取同样的分析方法。假冒应聘者前去面试的行为是不道德的，但如果在真实的面试中，假设明知应聘者在回答问题时必须透露保密信息，招聘单位又该怎么办呢？让应聘者签署一份保证不透露任何敏感信息的协议是否是最安全的做法？下一章我们将讨论新员工同样会遇到的问题，新员工渴望给人留下深刻印象，可能会导致其不恰当地使用或披露信息。

通过以上案例，我们可以逐渐理解问题的复杂性以及将指南解释清楚的重要性。把高度原则性的法律或道德落实到交易决策时，清楚的指南有助于员工与合作伙伴理解公司的目的。对比 SCIP 代码，我强烈建议你参考包含更多细节内容的《道德准则：客户合法合理获得竞争情报的指南》（由富尔德创建，可以在 https://bit.ly/2XhsOJf 上找到）。

培训的重要性

对竞争情报职能进行明智的管理，需要向员工传达他们在做什么以及为什么做，并强调道德作为判断标准以及与同事协作的重要性。对可接受和不可接受的内容和行为分别举例，并告诉他们在面对保密信息时如何应对。也许最重要的是，当员工遇到问题或者对道德上模棱两可的情况感到困惑时，你应该提供信息并告知他们去哪里咨询。

正如你所见，获取竞争信息，就像许多其他公司的活动一样充满了风险，因此需要仔细规划。这也需要公司在招聘时保持谨慎，当你走出公司去聘请专业调查人员时，这种情况尤其明显。对调查员的选择要非常慎重，因为公司几乎肯定要为他们的行为承担责任。有时候调查员会被认为是公司的代理人，公司需要对他们的行为承担严格责任；即使他们被认为独立于公司，公司也可能会坐上被告席，需要证明对他们的工作手段和方法一无所知。这类案件中，如果公司依赖调查员自己决定其行为的道德边界，法院通常认定公司是"故意无知"（willfully ignorant）。

显然，培养公司员工在这方面的能力时，需要将清晰明确的政策与频繁持续的教育相结合。由于道德问题需要结合具体情况分析，案例研究和角色扮演有助于理解什么是可以接受的行为。事实上，可以利用角色扮演的结果为公司的行为准则材料创建一些常见问题的答案（FAQ）。请记住，如果你向员工灌输尊重竞争对手知识产权的理念，员工离职后更有可能尊重你的知识产权。

在决定集中或分散竞争情报的职能时，应当在更有力的控制和更多样化的观点之间权衡。但还要考虑到，团队中的专业人士有时可以在具体事务中相互帮助，从而强化公司的道德指南。

最后请牢记：如果管理层自身行为不规范，即使采取了最好的计划、政策、项目和培训也无法灌输道德实践。正如合规的其他领域一样，合规经理必须先遵守公开的标准。如果有人向公司提供了"热门"信息，必须做好不使用它的准备，并且在适当的时候通知该信息的主人。（下一章将介绍如何处理不需要的信息。）

逆向工程

逆向工程指的是拆解一个公开可用的产品或信息集合，以找到其运作原理。为什么会有人这么做？这样做是为了以合法方式找到其他人已经采用的路径，从而实现下述目的：

- 学习（例如孩子拆开时钟）
- 更改或修复产品
- 提供相关服务
- 创造兼容产品
- 创造替代品或"克隆"
- 改进产品

大多数情况下，逆向工程没有问题。商业秘密法保护逆向工程，并且在正确处理的情况下不会成为获取信息的"不正当手段"。（事实上，从逆向工程中获取的产品信息本身可以成为商业秘密。）从保护商业秘密的角度出发，这一规则背后的原因显而易见：一旦你向公众发布了一个产品，就不能再就分析该产品所发现的任何信息主张商业秘密了。秘密已经不存在了。

与大多数规则一样，逆向工程也有局限性。你不能利用逆向工程

"发现"和复制专利发明。这正是采用专利保护固有的优势，商业秘密保护则没有。此外，如果从一开始就没有在公开市场上购买该产品，而是通过某种有限授权或其他限制逆向工程的合约获得该产品，那么，法院通常会限制逆向工程的使用。最后，不能通过逆向工程复制受商标保护的产品或以其他方式销售相同产品，造成公众对产品来源的困惑。事实上，这种产品被戏称为"山寨"。

在芝加哥锁业公司诉范伯格案（Chicago Lock Co. v. Fanberg）[①]中，芝加哥锁业公司 50 年来一直销售其独有的"管状王牌（Tubular Ace）"锁，这种锁通常用于安全性要求极高的自动售货机上。为了达到该安全级别，制造商只向在公司注册的所有者提供一份备用钥匙。备用钥匙的密码受到严格控制。一旦丢失钥匙，只能由制造商或锁匠做备用钥匙，锁匠可以"撬开"锁去找到适当的结构并重新打磨出备用的管状钥匙。

通常，锁匠会记录正确的"钥匙密码"以及客户的锁的序列号，以便钥匙再次丢失时能够复制钥匙。一个叫范伯格的锁匠向其他锁匠征集他们多年来记录下的钥匙密码和序列号，之后，他将所有相关密码汇编成册并出售。芝加哥锁业公司担心其安全系统受到威胁，并提起了诉讼。

法院判决范伯格胜诉。尽管钥匙的所有者主张锁匠泄露了钥匙的密码，但是制造商实际上放弃了阻止锁匠实施逆向工程的可能性。法院认为：

"众所周知，商业秘密不保护通过公平和诚实的手段获得的发现，比如独立发明、意外披露或所谓的逆向工程——即根据已知的产品分析出发明的过程。因此，是否采取了不正当手段获取商业秘密才是本案的归责基础，而不仅仅只是复制或使用。"

---

① *Chicago Lock Co. v. Fanberg*，676 F.2d 400（1982）.

如果计划对某项产品进行逆向工程，请务必慎重决定进行逆向工程的方式：通过简单的购买获得产品；确保该产品上没有任何可能会禁止逆向工程的附加条件。此外，注意产品中可能包含保密条款的附随文件。这种情况常见于复杂设备的销售，该种设备附有维护手册或带限制性说明的电路图。也可能出现在协议许可下的软件拆卸中，侵犯版权的问题可能需要特别的法律咨询。

仔细选择将要执行逆向工程任务的团队。不要包括任何已经接触到保密信息的人（例如，曾经为产品的竞争对手工作），也不要让团队接触任何保密材料。保持整个过程的详细记录，以证明这个过程——从有技术背景的人来看——是"从零开始"完成的，没有参考任何受限制的信息。

为避免以后的索赔，可以考虑委托外部供应商来执行逆向工程。在任何情况下，都要对公共文献进行初步的、彻底的检索。

第八章

避免信息污染

传统上，公司把信息管理视为一种单向活动，目的是为了避免有价值的数据发生泄露。近年来，业界逐渐认识到"输入性"风险的重要性，这类风险涉及如何处理不想要或非预期的信息。随着企业信息系统的规模日益增长和复杂化，企业的交易越来越多地涉及保密信息的交换，这些问题变得更加难以处理。从很多角度看，他人信息的掺入与病毒感染没有差别，都可以快速复制和传播，而且在公司内部自由流动的过程中，还会变形，更具危险性，也更难发现。试想一下，员工不经意间回顾了以前工作的信息，将其用于"影响"或推进公司的某个项目，导致公司可能为此承担侵犯商业秘密的责任。相比那些难以避免且注重检测的网络入侵风险，通过细致管理，我们可以预防大部分的信息污染风险。

本章中，我们会探讨信息污染最常见的载体（特别是新员工）以及控制风险的途径，研究如何管理厂商、供应商、潜在合作伙伴和"出主意的人"自愿提供的信息，发现公司有不想要的信息时如何处理。最后，我们会探讨高管和董事如何在控制公司数据完整性方面承担更大的责任。

员工招聘

与信息安全的大多数方面一样，污染的最大威胁来自操作人员。如果封闭公司，没有新人加入，自然不会遇到这个问题。但是，吸纳的新人越多、越快，他们成为污染数据载体的风险就越大。顾问和临时雇员同样会引发特别顾虑，我们将在本章后半部分探讨这个问题。我们先重点讨论新员工，因为他们通常是最大的数据污染源。根据赛门铁克的一项民意测验报告，有一半离职员工保留前雇主的数据，并且大多数人离职时都计划在新职位上使用这些数据。令人惊讶的是，

68%的受访者表示，他们目前所在的公司并未采取任何措施来防止不当使用第三方数据。戴尔（Dell）最近的一项调查发现，大公司中有72%的员工愿意分享敏感、机密或受监管的公司信息。

请记住，信息不仅通过文档和电子媒介传播，新员工的头脑也可以传播。因此，不仅需要在员工入职之初就开始灌输尊重知识产权的文化，还需要通过培训和日常管理来加强。要认真考虑公司的招聘目标和态度。通常，最有价值的新员工通常是最了解竞争对手的人，聘用他们的风险也最大，因为他们可能会带来让公司陷入麻烦的信息。在竞争激烈的环境中，人们很容易经受不住诱惑。我们需要直面矛盾，确定对"最佳"员工的风险偏好。

前车之鉴

谷歌自动驾驶汽车的关联公司 Waymo 对拼车业巨头优步发动了近年来最难打的一场商业秘密官司。Waymo 研发团队负责人安东尼·莱万多夫斯基（Anthony Levandowski）离职创立了自动驾驶卡车公司奥托（Otto）。6 个月后，优步以天价（6.8 亿美元）收购了这家新公司，并高薪（价值 2.5 亿美元的优步股票）聘请莱万多夫斯基继续领导其团队。由于一封错发的电子邮件，Waymo 怀疑优步侵犯了自身的商业秘密，并最终发现，莱万多夫斯基在离职前下载了超过14000 份机密文件。

越往下查，越发现情况不对。原来优步收购 Otto 是从一开始就策划好的，Otto 似乎只是一个迷惑 Waymo 的幌子，而且优步也知道这些下载文件的情况。在禁令听证会上，优步令人信服地证明这些文件并没有进入公司。但法官还有疑虑，即莱万多夫斯基可能以不易追踪的方式传达了保密信息。这点很难反证。（此时，莱万多夫斯基已被解雇，并援引了宪法第五修正案不自证己罪的特权。）

除莱万多夫斯基的离职外，还有很多令优步头疼的问题。交易文件中隐藏了一项不常见的条款，印证并加深了法官的疑虑——优步同意补偿莱万多夫斯基，使后者免于承担取得 Waymo 文件的任何法律责任。

公司为新雇员赔偿原雇主索赔的做法虽不常见，但也并不罕见。赔偿条款会让新雇主共同承担责任，尽管新雇主可以通过非常仔细的调查来降低这一风险（正如优步所做的）。但赔偿条款可证明双方心里有鬼，恰好印证原告的主张。对新雇主而言，更安全的方法是书面要求新员工不以任何形式提供任何原雇主的信息，或许还可以提供独立法律顾问帮助确保合规。（具体请参见下一节对招聘的讨论。）

但优步走得更远，承诺补偿莱万多夫斯基已知的、过去的"不良行为"的责任（你没有看错，这正是文件中使用的表述），但不赔偿以后出现的侵犯商业秘密行为。然而优步对此同意了另外一项重要的例外情形：使用"保留在（他的）独立记忆中的……信息产生的责任"。换言之，只要莱万多夫斯基没有通过参考 Waymo 文件刻意记住某些信息，如果他使用了碰巧想起的信息而产生责任，仍然可以得到补偿。

实际上，优步是在同意莱万多夫斯基对 Waymo 保密信息的"残留记忆"的例外使用（见第六章）。当然，这并不代表着他在指导优步团队时盗用了他从 Waymo 了解到的信息。但商业秘密案件是表象驱动的，优步的特殊保证给 Waymo 提供了一个耐人寻味的论点——莱万多夫斯基被鼓励窃取。案件最后以和解告终，优步向 Waymo 转让了价值 2.45 亿美元的股票。这还不包括已经投资给莱万多夫斯基和 Otto 的资金以及数百万美元的律师费。

招聘

　　谨慎的招聘始于招聘计划。招聘公告应该如何描述工作要求？理想情况下，在描述资格需求时使用一般性的措辞，避免可能被理解为意在争夺竞争对手数据资源的字眼。在雇用某个团队时，要仔细考虑以下有关"挖角"的问题。而且，在针对特定个人招募时，要特别注意，确保招募他们的提议不是为了获得候选人当前职位的保密信息。

　　录用前的面试可能是一个特别令人担忧的环节。参与面试的人员应该接受培训，或者至少要充分了解情况，并应当遵循流程清单。（作者在本节末提供了示例。）面试的目标必须明确：只需要确定评估候选人一般知识和技能所需的信息，以及他们有权带走的相关经验。一开始就向候选人表明这一点，并提醒他们不要透露任何类型的敏感信息。

格式：《录用前流程清单》

　　» 讨论有关信息保护的公司政策

　　o 公司信息

　　o 他人信息（包括候选人的雇主）

　　» 讨论并提供候选人需要签署的合同副本

　　» 让候选人签署无保密信息保证书

　　o 强调禁止使用未经授权数据的政策

　　» 询问当前的工作，但不要诱导透露保密信息

　　o 观察候选人对现任雇主权利的态度

　　o 获取任何限制性协议的副本

　　o 如果已经终止，要询问是否有任何警告或顾虑

> **格式：《候选人保证书》**
>
> 　　本人正向 Widgets，Inc. 求职，并向贵司保证如下：
>
> 　　1. 本人可以履行贵司正在考虑委任的职位职责，而不会违反本人对任何其他人或公司的义务。
>
> 　　2. 本人已向贵司提供过去工作中签订的所有保密合同、发明转让合同或其他限制性合同的副本。
>
> 　　3. 对本人从贵司工作以外来源获得的任何保密信息，本人不会向贵司透露或在贵司的工作中使用。本人不会带入 Widgets，Inc. 或以其他方式使用或披露属于任何其他人或公司的任何材料或信息。
>
> 　　4. 本人了解，如不遵守 Widgets，Inc. 关于保护保密信息的政策，可能会造成严重的违纪后果，包括解雇。
>
> 　　日期：＿＿＿＿＿＿＿＿＿＿＿＿＿
>
> 　　签字：＿＿＿＿＿＿＿＿＿＿＿＿＿

　　有时候，企业会决定聘请曾经在竞争对手中担任关键职位的人才。研发或市场营销方面的高级管理人员在更换工作时特别容易引起高度关注。即使他们没有受限于竞业禁止协议或离职后的发明转让义务，从竞争对手挖角也可能引发诉讼——因为被挖的人知道很多信息，而新工作又与之前的工作非常相似，以至于他们无法在不泄露所知保密信息的情况下开展新工作。我们将在下一章中详细讨论这一情况，这有时被称为"不可避免的披露"。在这里，我想强调的是，聘用这类高风险的员工需要进行专门的调查和筹划，甄别并解决各种风险，寻找可以降低风险的策略，包括是否可能暂时安排到低风险的职位或项目。如果可能引发诉讼，那么应该与法律顾问一起筹划。

入职培训

在新员工入职培训期间，应当强调尊重他人信息权的企业文化。与录用前的面试一样，企业的目标是让新员工明白"干净"履新的重要性，同时指出试图通过之前的工作内容来证实自身价值的做法并不会带来优势，反而存在很大风险。根据本人的经验，对于某些类型的新员工而言，全新的开始特别困难。比如软件工程师，他们中的很多人倾向于将以前工作成果视为自己的财产，而非前雇主所有。他们通常认为这些工作成果很有吸引力，是令人放心的参考资料，坚信自己未来的工作会用到。

从这个意义上讲，"入职"过程是一次真正的再教育机会，让你了解到公司政策的重要性，也让你有信心相信，新员工只有掌握他们在职业生涯中积累的技能和知识，才有能力完成工作。请仔细检查需要员工签署的各种表格和合同，并确保新员工知道如何获得有关信息安全问题的答案和解决办法。

一些技术领域的新雇员可能要对前雇主承担持续的义务，不仅是保守保密信息的一般义务。正如我们所知，部分发明转让合同试图对雇员离职后一段时间内的发明提出权利主张，这种情况自然难以管理，通常需要公司律师的关注。更常见的挑战是与有义务配合前雇主进行专利申请的发明人打交道。在这种情况下，防止员工（和公司）被前雇主新的保密信息"刷新"非常重要。有时候，可以通过简单的说明和谨慎的操作来完成，但在特别敏感的情况下，可能有必要为发明人聘请独立的法律顾问，筛选前雇主的通信文件，以免遭受信息污染。

培训

信息污染的风险不仅局限于新员工。所有员工都生活在现实世界中，活跃于社交媒体上，他们与朋友闲谈，参加技术会议和组织。在公司内部，员工经常参与涉及客户、供应商或其他第三方的协作项目，探讨收购的可能性或收到开发建议。所有这些情况都涉及被他人信息污染的风险，我们必须依靠同事的知识和正确判断来控制这些风险。

当然，前提是有一套好的制度和程序，不仅保护公司信息，也保护公司系统免遭外部信息"污染"。许多组织中，在最初的入职培训后，制度都成了摆设，基本没有执行，这可能会产生非常不利的影响。员工会忘记制度，或者对违规造成的后果失去畏惧，他们会逐渐认为公司并没有那么在意，并因此将安全问题抛诸脑后。等到真的出现大问题时，管理层不得不召开研讨会解释这个关键问题是如何发生的。

因此，培训应当持续，而且应当专注，不要迷失在其他无关的"复习"课程中。保护公司秘密是一个比较直观的概念，相比之下，保护公司免受不必要的外部信息的影响可能更加难以理解，日常的实施也更难。（比如，需要让员工知道，询问同事如何在上一份工作中解决特定问题并不是适当的行为。）如今，对于大多数企业而言，信息是企业的优势，这要求企业将有效、持续的全体员工培训放在首位，因为员工是信息输出丢失和输入污染的主要"端点"。

监控

确保公司政策得到遵循以及公司培训有效的唯一方法是：采取适合公司风险状况的合规性检查和测试。在这个方面，使用外部服务通常最为有效，因为内部人员往往认为自己所做的一切已经足够，而且通常不了解可以让自身管理和培训更加有效的新方法。请做好计划，定期开展工作，落实流程，并根据经验教训不时调整有关做法。以这种方式处理问题不仅可以帮助我们避免污染，还可以让我们更好地避免在出现问题时承担责任。

除了培训和管理程序外，企业还应当考虑使用软件工具来监视公司的通信系统，识别可能导致不想要的数据转移的违规行为，或者持续分析公司数据，发现可能代表"外来"信息的异常情况。

顾问和承包商

在避免污染方面，顾问和承包商比正式员工更具挑战性。首先，因为是短期关系，建立在这种关系上的忠诚度自然较低，因此需要更加严格的管理。其次，承包商通常在不久前为同一业务领域中的其他公司提供过服务，而顾问则通常在为你服务的同时也为其他客户提供相同服务。顾问和承包商就像豪猪一样，"浑身"都是现成和潜在的危险信息。他们被要求竭尽全力为你服务，通常必须保持精神高度集中，对他们所有已知数据进行正确分类和隔离，以免稍不留意将别人的秘密混入你的项目中。（可以想象一下豪猪做体操的画面。）新员工也有同样的矛盾：最具吸引力、最有潜力的候选人，或视野最广、见识最广的候选人，通常也是最了解竞争对手内幕情况的人。

与信息安全的其他领域一样，避免信息污染也是风险评估和管理的问题。在处理这些临时的关系时，我们需要首先通过合同保护自己，通过合同明确表明不希望导入任何其他人的保密数据，并由顾问负责防止这种情况。（附件 4 提供了一份措辞适当的顾问协议样式。）但在完全达成协议之前，需要面对潜在的利益冲突，直接表达疑虑，促使顾问考虑并明确说明如何解决这些顾虑。

团队招聘：挖角

从竞争对手挖走员工充满风险，尤其是挖走整个团队时。竞争对手的观点很容易理解：市场上的合格人才如此之多，挖走整个团队或大部分团队成员的唯一理由就是损人利己，或许还能获得一系列特殊知识，以便挖角公司可以进入本身无法企及的领域或产品线，这意味着存在窃取商业秘密的意图。竞争对手会主张这种"挖角行为"属于特殊形式的不正当竞争，很可能引发诉讼。

在下一章中，我们会继续讨论挖角这一话题，探讨一个团队应当如何规划离职方式，从而避免引发诉讼。对于希望设计招聘流程避免数据污染的公司来说，这个问题也很重要。与清楚竞争对手在做什么的新员工一样，新雇主也必须面对和处理随之而来的矛盾：新员工潜在价值越高，风险也越大。如果是团队，风险系数可能更高，这不仅是因为可能犯错的人数更多，还因为竞争对手更有可能采取激进的行动。

团队挖角的最常见来源是团队的现任或前任经理。我们举个例子：公司雇用了一个新员工，此人曾是公司竞争对手的经理。有一天，他宣布有一个可以得到若干出色人才的"巨大机会"，因为他获悉这些人正在考虑离职。经理很了解这些人，可以向公司反馈哪些是骨干，做过哪些特殊项目，甚至可能知道出价多少可以让他们跳槽。

这也许是一个极好的机会，但充满了风险，必须加以管理。这位经理可能对前雇主负有特殊信义义务，不得使用担任领导时了解到的有关员工的信息。通常，第一步要做的是将现任员工与招聘程序分开。然后请法律顾问来确保公司有适当的协议以减轻最坏的风险，确保相关内容受客户——律师沟通特权的保护，以防发生诉讼。一旦采取了这些预防措施，公司就可以小心地进行面试了，请确保面试官给出避免信息污染的警告，并签署所需的文件。在整个过程中，应当向所有相关人员传达以下信息：公司制定了尊重他人权利的强有力的政策，公司只对候选人的一般技能感兴趣，并且要求不得以任何方式把竞争对手的任何保密信息带入公司。

管理他人信息

正如第六章所强调，一个整合良好的信息保护计划必然包括管理公司涉及的诸多保密关系。这里我们重新考虑这一主题，重点放在如何避免被不想要的信息所污染。这个问题有两个主要方面：一是我们收到了信息，但合同并未明确界定我们对信息承担什么义务。例如，当外部参与方（另一家公司或是个人）提出收购或联合开发项目的建议时，第一反应通常只是签署保密协议，以便"公开和坦诚"对话，而且十有八九，签署的保密协议都采用披露人提供的样式。但这大错特错。

当探讨涉及他人秘密的潜在交易时，永远不要假设需要保密协议才能开始讨论。相反，我们的最初立场应该是签署一份非机密协议，如附件3所示协议。为什么要如此重视这个问题？因为在竞争环境中，公司可能已经着手研发与将要被展示的技术或业务模型非常相似（如果不是完全相同的话）的技术或商业模型。大家的第一反应应该是不损害自己。我们应该要求披露者认真考虑，如何在不碰触可能限制我们未来选择权的任何信息的情况下，让我们了解此次机会。

涉及信息共享的所有交易都可以按这种方式设计。首先要对提议的性质及其可能带来的好处进行非机密讨论。提出假设性问题，试探另一方在没有保密协议保护的情况下愿意透露的内容。这至少可以让我们从中获得一些信息，并以此决定下一阶段的披露范围，即采用仅允许有限披露的保密协议——包含附件2样本提供的所有防御性规定。这也会推动双方讨论各自疑虑，进而拟定解决疑虑的定制化条款。

最重要的是，如果我们处于强势议价地位，则可以坚持"残留记忆条款"（参见第六章），从而在提供后续类似产品或服务时，降低发生诉讼的风险。

保密合同管理的第二个主要方面是，对那些同意以保密形式接收的信息，核实并明确自身的责任和后续的注意义务。切记，不严谨对待保密协议会引发严重问题。文件和数据通常根据保密协议接收，但却没有指定具体人员负责谁有权访问信息、信息的具体用途、如何存储和跟踪信息以及在关系结束时如何处理信息等问题。这些都是简单的行政管理问题，但需要清晰、有据可查的书面沟通，明确负责人，确保你的义务得以履行和妥善完成。

并购

在准备收购一项业务或技术时，要特别注意如何避免污染。2018年，全球有超过 4.9 万笔并购交易，累计价值 3.8 万亿美元。考虑到业内对无形资产的依赖日益增加，我们可以假设这一庞大数字中有很大一部分代表了各种形式的商业秘密。面对大好机遇，也要防范一旦交易终止，双方通常以不严谨的方式托付保密信息的不当管理所带来的风险。

目标公司几乎都面临将核心秘密暴露给收购方的风险，因为后者可能最终放弃交易转身投入直接竞争者的行列。潜在买家也要面临各种各样的风险，包括接触到可能损害自身内部研发的信息、未能察觉因接触第三方数据带来的责任，以及没有做好收购完成后整合不同保密文化和程序的准备。

在此，我们将重点讨论潜在收购方的主要目标：保持选择的开放性，避免受到目标公司数据的不必要污染。如果收购方已经制定内部开发计划并打算从市场上找寻替代方案，这种风险会更加突出。最大的错误在于交易团队的成员同时也参与内部研发项目。应仔细规划和执行，隔离出负责内部项目的"清洁团队（clean team）"。有时候风险很高，潜在收购方可能会雇用第三方进行尽职调查并提供建议但不透露目标公司的任何技术。

收购方与目标公司的理想保密协议不同，因此需要非常仔细地考虑和谈判合同初稿。为降低管理负担，保密义务应当设定期满时间。在允许口头披露目标公司的机密时，应当有严格的记录要求。如果公司有足够的话语权，应当坚持"残留记忆条款"，允许参与的个人在归还所有文件后，使用"独立记忆中保留的"目标公司的信息。（参见第六章关于残留记忆条款的更多内容）

一旦确定了保密义务，就可以认真开展尽职调查。至少就商业秘密而言，需要进行严格的检查，而不是简单的对号入座。目标公司最有价值的数据资产是什么？有什么漏洞？公司对漏洞采取了什么措施？部署网络安全控制措施是一种好的做法，但正如第五章介绍，它只能解决部分问题，因为大部分泄露都是通过员工、承包商或可信赖的外部关系发生。需要彻底检查管理信息风险的系统和程序。

所有这些不仅可以让收购方对是否收购目标公司作出知情决策，还可以让收购方知晓完成交易后将面临的不可避免的挑战——整合可能在完全不同的保密制度下（或者在没有任何保密制度下）工作的一组新同事。过渡计划应考虑尽职调查过程中发现的政策和流程差距，并制定强有力的培训计划巩固新的访问和安全机制。

主动提出的想法和发明

"无偿"告知他人自己的想法或信息，会失去对自己的想法或其他信息的控制，也就无法获得使用补偿。但情况通常并非一目了然，因此公司通常会保护自己免受自愿"出主意的人"的索赔。过去，这一直是玩具公司和汽车制造商特别关心的问题，因为个人消费者经常根据自己的经验来想象，然后提议新的产品或改进方案。如今这个问题可能对任何依赖创新并拥有庞大消费群体的行业都有影响。

一般情况下，出主意的人的索赔主张会失败，可能是因为没有证据表明存在保密关系，或者想法不新颖、过于抽象或未曾实际使用。但即便赢得诉讼，代价也很昂贵，费时费力。因此，重在预防索赔。要做到这一点，需要有一套清晰的方案，并认真执行。

方案的必要特征是中央控制。所有外部提交的内容都应发送给同一个人或部门，并且除了技术人员外没有人可以打开。收到外部提议时，不要审查提议的内容，而应当回复并通知提交人（有时回复中会包括对方提交的原始材料），除非签署非保密协议，否则公司不作考虑。（有关回复和合同示例，请参见附录五。）将所有提交记录保存在一个地方。请不要简单地忽略或丢弃提交的内容，至少应当告知提交人材料未经检查并已退还。

有时，想法源于现有关系，例如客户或供应商凭借对公司产品的直接经验，通常可以提供有用的见解以供改进。尽管我们不能怠慢最佳客户或主要供应商，但必须建立并遵循有关如何处理此类建议的政策。通常，这类建议可以被恰当地归为一般建议，在回复这些建议时，我们可以同时表达对这些建议的感谢，并表示公司已经在考虑类似路径。对方提供的想法越详细，我们采用的应对方式要越具体。无论你决定如何去做，都不要毫无反应不予理会，因为沉默很容易导致误解。

发现信息污染时

就像推迟对感染的治疗一样，忽略数据污染事件并不会使之消失，反而可能使情况恶化。根据具体情况，我们可能需要与法律顾问合作制定适当的行动计划。首要目标当然是了解相关事实：收到何种信息，信息何时及如何传入，信息在组织或系统中的传播程度以及是否使用过或如何使用。立即进行初步查询，对问题的严重性和范围有一个基本了解。除非问题看起来无关紧要（比如信息的重要性不高、公开渠道可以得到，或者只披露给一个人使用），否则请立即请法律顾问协助确定下一步措施，并获得律师——客户沟通不被披露的特权。

如果我们确定信息是无意间传入的（比如，包含在新员工认为是个人信息的一批电子邮件中，在不经意间被打开）且未被使用，那么这只是表面上的"侵犯（misappropriation）"，不会造成危害。很多人认为，从商业道德的角度来看，确保妥善处置已经足够，除非员工保留的副本是前雇主可能没有的独特版本。在此情况下，应当退还给前雇主并附上适当保证。

比较棘手的情况是，调查发现数据已经以某种方式污染了我们的系统甚至产品。在这一点上，请牢记，侵犯不只是直接复制，如果未经授权的信息影响到战略、研究或产品开发的决策，也可能被认定为侵犯。好的消息是，在知晓受到污染之前，我们对过去行为不承担任何责任。而且，如果事实证明信息已经与流程或产品紧密结合在一起，那么至少在应用现代商业秘密法律规则的国度中，我们可能不会被阻止继续使用信息。坏的消息是，从意识到自己正在使用之时起，我们可能必须支付使用费，最常见的是与前雇主协商某种形式的持续使用费。

高层管理人员必须警惕：在你看来可能是意外事故或流氓员工的孤立行为，实际上可能是经过深思熟虑计划的结果。在一个案例中，涂料公司 Adco 多年来一直尝试开发一种产品，可以比肩罗门哈斯公司（Rohm and Haas）销售的具有良好附着力的涂料，但都没有成功。

最终，Adco 挖来了一名实验室技术员哈维，给他大幅涨薪，并指派他去解决劣质涂料的问题。几天后，他提出了一个新配方。哈维的主管从未过问他是如何取得如此显著的突破。事实证明，他只是从记忆中复制了罗门哈斯公司的配方，Adco 对此表示惊讶，但法官认为这是故意无视，并判决罗门哈斯公司胜诉。

假设公司已建立尊重他人知识产权的文化，而且遭受的污染确实是意外事故或流氓员工不当行为的结果，那么我们的挑战是将风险管理与道德行为相结合。所幸的是，二者通常是一致的。自愿向受到损害的前雇主披露通常会受到赞赏，后果最多是配合制定解决问题的计划。当然，损害范围越大，风险越高，因为受害者可能无法平息怒气，甚至可能引发诉讼。但如果不向受害者透露这一情况，那么当事实浮出水面时，我们可能会面临严重后果的风险。因此，合乎道德的选择几乎总是更明智的选择。

管理层责任

在讨论报告侵犯行为的道德准则后，在本章的结尾，我们来谈谈对公司管理层逐渐产生的期望和标准。这是基本问题，反映了对公司财产完整性的信托和责任。由于公司资产大部分由信息组成，而且考虑到信息资产"输入性"污染的风险，这一领域的合规性已成为公司治理日益关注的问题。正如我们将在第十二章中看到的那样，公司及其管理人员的犯罪风险可能取决于合规计划是否存在并得以严格实施。萨班斯 - 奥克斯利（Sarbanes-Oxley）法案要求企业实施内部控制，防止信息系统数据丢失，并要求企业提交关于信息系统有效性的年度报告。美国证券交易委员会在 2011 年和 2018 年发布了网络安全指南，确立了报告违规行为以及公司为防止此类违规行为采取的"预防措施"

的自愿参考标准。2019 年末，在认识到商业秘密在国外经营中面临越来越高的风险后，该机构发布了有关上市公司应当如何"提供其所面临的重大风险的全面说明，使投资者能够做出知情投资和表决决定"的指引。显然，信息资产管理已成为公司董事会必须面对和管理的战略问题。

第九章

离职员工的竞争

期望将自己的职业生涯奉献给一家公司，不仅不合时宜，而且是不明智的。全球竞争和迅速变化的技术已经导致一些行业巨头倒下，并且引发了一些行业的裁员和人事调整。近年来，我们目睹了金融危机和大疫情对经济造成的深度破坏。如今，每个员工都必须考虑下一份工作。具有讽刺意味的是，在面对新一代流动劳动力的同时，雇主们的资本基础也从有形转变为无形。对于越来越多的企业来说，资产每天都会流出，而且有些资产会永远流失。

本章中，我们从雇主和员工两个角度来分析他们的观点、选择以及必要性。无论你站在哪一方，都需要了解对方的观点（如果你是经理，可能要兼顾双方的立场），以便为决策提供最佳参考。雇主需要接受人才流动的现实，专注降低信息流失这一不可避免的风险。员工需要避免激怒老板或犯下其他愚蠢的错误。（下一章关于诉讼的内容，我们将探讨出错后会发生什么。）

雇主的观点

很多年前，一位客户对我说："我真不明白为什么艾德离开我加入了竞争对手。我教给了他所知道的一切。我能做些什么阻止他吗？"对于这种遗憾，我注意到几点问题：首先，客户感到猝不及防，他希望艾德对教会他做生意的感激之情能激发他永久的忠诚；其次，客户希望有某种方法可以阻止艾德利用他所学到的知识来帮助竞争对手。

我们知道，法律只保护商业秘密，而不保护员工的技能或一般知识。在没有强制性约束的情况下（下文将讨论），每个员工都有权离开并使用他们的技能和知识。一些研究人员指出，在硅谷，对员工离职后的限制是非法的。他们认为，高度流动的劳动力实际上有助于在一个行业中所有竞争的公司，因为他们促进了新鲜观点的传播，并因此带来了创新。且不论这种"漏桶"理论是否在实践中站得住脚，不可否认的是，越来越多的员工离开公司加入竞争对手或自己创业，因此，任何明智的战略都必须从留住最优秀的知识工作者开始。

留住人才

中世纪中国的皇帝并不太担心他们制作精美瓷器的秘密，因为与外界的交流非常困难（而且分享秘密的人还会被处以死刑），瓷器在欧洲非常珍贵，以至于所有精美的餐具都被称为瓷器（china）。但和大多数秘密一样，制作瓷器的基本配方和工艺最终还是被独立的实验所发现。这发生在18世纪初德国东南部的沉睡小镇迈森。几乎在一夜之间，它成为了欧洲白色半透明瓷器的中心。当时身为萨克森选帝侯的腓特烈·奥古斯都因禁了这位发明家（一位化学家），并强迫他与几位精心挑选的工匠分享他的秘密。然而——正是当今商业的道德所在——腓特烈·奥古斯都并没有意识到要让他信任的工人满意。因为工资很低，有时还拖欠工资，导致工人出逃，这个曾经的秘密技术在德国和奥地利的其他地方被广泛传播。

现代企业倾向于采用更积极的方法来激励关键员工。一种选择是对有利于企业的发明或其他创新给予现金奖励。但这种方法存在固有的风险，因为在是否应当授予奖励、谁应当分享奖励，以及奖励是否充足等问题上可能会出现争议。正如我们在第三章中看到的，在员工有权为好的想法获得某种形式的补偿的国家，这些风险尤其令人担忧。

让雇主们高兴的是，研究持续表明，富有创造力的员工是由金钱以外的因素驱动的。创新的动力以及留在原地的动力可能来自于对个人认可的渴望、知识分子的好奇心、甚至是希望促进公司或行业利益的愿望。因此，承认知识工作者的贡献是有好处的。如果一个人创造了有价值的想法或发明，就应该将它公布。确保员工的名字和照片被公布，并由高管发出晚餐邀请。当一项专利以员工的名义颁发时，最好在其他同事在场的情况下进行，并使用带有精美裱框的证书。

虽然跳槽是现代趋势，仍然有一些人在整个职业生涯中都待在一家公司，并取得了非凡的成绩。1953 年，阿瑟·弗莱在他还是本科生的时候就加入了明尼阿波利斯的 3M 公司，直到 1990 年退休，一直在那里从事新产品研发工作。在弗莱入职十年后，有机化学专业的博士生斯宾塞·西尔弗毕业后直接被 3M 公司聘用，他也将在 3M 公司度过自己的整个职业生涯。在此期间，西尔弗开发了一种"低粘性"的胶粘剂，这种胶粘剂只能粘在某些东西上，但可以反复粘贴，他认为这可能是一种有用的喷雾剂，但最终并没有得到证实。由于 3M 公司鼓励公司的科学家在内部非正式地分享他们的想法，因此西尔弗不断地在研讨会上为同事们介绍这种粘合剂的特性。当时，弗莱经常在教堂唱诗班唱歌，正在对不断从音乐册中脱落的纸质书签感到沮丧，有一次，他参加了西尔弗的演讲，由此产生了制作可以重复使用的书签的想法。之后，弗莱花费了很多的时间去开发它（并克服了各种质疑），便利贴由此而诞生。

这个关于创新和内部合作的精彩故事并不是偶然发生的。3M 从1902 年的一家矿业企业开始，经过几代人的投资，建立了一种创新文化。在其数千种产品中，有三分之一以上的产品是在过去五年中开发出来的，3M 依靠创新来支持其非常成功的商业模式。维持这种文化并留住富有创造力的员工的一个关键部分是，要认识到这种文化给那些成功人士带来的好处。弗莱、西尔弗和他们的团队获得了 3M 公司著名的"金台阶"奖。3M 也让成功成为可能，公司允许工程师和科学家用 15% 的时间从事自己选择的项目，允许创新者招募自己的团队，并从其他部门寻求开发资金（"便利贴"是由一家名为"创世纪资金"

公司资助的）。最优秀的科学家之所以留在 3M 的另一个原因是，他们知道自己不必成为经理人也能得到提升和重视。这就是 3M 的文化：每个人都是创新团队的一部分。

采用创造性的激励措施。例如，有的公司认识到失去一些优秀的人才是不可避免的，因此对这些离开的人提供资金支持，为他们的初创企业提供资金，让他们成为合作伙伴而不是竞争对手。这些举措并非适用所有的公司或行业，但专注于让人才满意的方法几乎总能带来更好的结果。这样你就不太可能会面临那些牵扯精力和昂贵的诉讼。关于上面客户问我的那个问题，你可能会给出一个更有用的答案：员工为什么要离开？

竞业禁止协议和其他限制

我们已经讨论了奖励措施（胡萝卜），现在让我们再考虑一下惩罚措施（大棒）。我们将在第十章中看到，商业秘密诉讼非常棘手而且很难预测结果。事实往往要通过昂贵的"证据开示（discovery）"程序从前员工那里撬出来。如果只是禁止员工加入竞争对手的行列（至少在一段时间内禁止他们这样做），直到他们的知识变得陈旧，是否会更有效？答案为：有时是。这也解释了竞业禁止协议为什么被广泛采用，第六章对此有详细的描述。这里，我们研究是否应当使用竞业禁止协议以及如何使用它们。

在谈到竞业禁止协议时，我们指的是，合同以不同的表述方式禁止某人在雇用期结束后为竞争对手工作。有时，这种限制带有一个令人宽慰的名称，比如"花园休假"，意思是说，离职员工可以继续领取全额工资，只是在一段时间内待在家里，自由地照料花草，而不是参与竞争。有时它们会表现为咨询合同，前雇主可以（至少在理论上）

继续利用离职员工的才能，离职员工同样也有可观的报酬，但在公司体系之外。在这种变体中，员工可能被要求继续工作，但不能接触公司的最新信息，也不能为竞争对手工作。还有一种是"保留条款"，要求员工披露和转让离职后的发明，这可能会导致员工不被竞争者所接受。不过，大多数情况下，竞业限制只是简单地禁止在有限的地理区域内进行有限的竞争。

回顾一下，竞业禁止协议与保密协议（NDA）有很大的不同。后者一般没有争议，至少在就业环境中是这样，它们允许员工在任何地方工作，只要前雇主的商业秘密受到尊重和保护。前者在大多数州都可以得以执行（加利福尼亚州不认可其效力，个别情况例外）。但是，由于竞业禁止协议侵犯了劳动力的自由流动，大多数法官都对其持怀疑态度，并且会严格执行这类协议。

如前所述，一些学者认为，竞业禁止协议可能弊大于利。在宏观层面上，人们认为：20 世纪 80 年代，硅谷在与竞争对手波士顿的竞争中赢得了胜利，很大程度上是因为硅谷的员工可以随意跳槽，并因此为科技行业注入了增长和创新的动力；相反，在员工被合同阻止竞争甚至不敢四处寻找工作的地方，是不可能产生类似的动力的。在公司层面，研究人员同样质疑竞业禁止的有效性，因为最优秀和最聪明的员工往往会对签署竞业禁止协议产生反感。目睹竞业禁止对离职同事职业发展的影响，可能会给员工的士气带来负面影响。此外，试图在竞业禁止效力不被认可的地方对其强加实施，可能会产生法律责任。

尽管存在缺点和风险，但许多雇主认为，对于那些被委托处理公司最敏感信息的关键员工来说，竞业禁止协议是一个有用的工具。事实上，在考虑"不可避免的披露"情形时（即员工无法在不滥用商业秘密的情况下为竞争对手工作时），许多法院希望雇主能够采取步骤与风险最高的员工签署竞业禁止协议，而不是事后依靠法院施加限制。

终止劳动关系的程序

　　员工们偶尔会离开公司加入竞争对手或自己创办公司，这是商业生活中的一个事实。潜在的伤害是显而易见的，尤其是来自一个可以深入接触公司最重要信息、被信赖员工的伤害。雇主必须为这些离职做好充分准备，并以一种明确的方式做出反应，以传达保护信息资产完整性的决心。尽管如此，实现这一目标的最明智的方法通常不是发动一场诉讼。如果你没有理由相信离职员工做了什么错事或将你的秘密置于迫在眉睫的危险之中，那么你的第一选择应该是安排一次会议来讨论此事（也许还可以改变员工的离职决定），了解更多正在发生的事情，并加强你对保护公司利益的关注和决心。如果你发现其他人也参与其中，并且可能会出现集体离职的情况，那么应该尽快获得法律咨询，调查并妥善应对这一威胁。

　　有时你不得不考虑解雇一名员工或一个小团体，因为你认为他们违反了保密义务，也或许是发现他们已经私下成立了一家竞争企业，或者他们正在面试直接竞争对手的敏感职位。你应该怎么做？首先，在与他们对质前，应当尽可能多地收集信息。对现有记录彻底审查，确定该员工经常接触哪些商业秘密，是否有未经授权的访问证据，以及他们是否有任何异常行为，比如过度复制、下载、发送电子邮件或删除记录。如果公司政策和隐私制度允许，复制他们的电子设备的内容，并审查他们的文件、电子邮件、短信和电话记录。尽可能谨慎地调查公司信息是否外泄，如果有外泄，对象是谁。在收集这些信息（并酌情与法律顾问商议）后，你可以与该员工对质，要求他对不正常的活动作出解释，并确定是否确实存在安全隐患。

　　此时，你应该专注于调查保密信息可能泄漏到了哪里。最重要的是要找回这些信息并防止它们进一步扩散，如果信息扩散得太广泛，可能会完全失去价值。完成这个工作后，再与法律顾问协商，决定是否应当解雇该员工，以及是否应当提起诉讼。法律顾问还会建议是否应当将此事提交给刑事检察官（请参阅第十二章），并就如何保护你的专有信息和防止其进一步泄露提供建议。

还有一些情况是，公司出于其他原因必须解聘员工，包括全面裁员。当消息传到受影响的员工时，他们可能会感到恐慌和不满，无论如何，至少他们的忠诚感会严重削弱。结果，由于各种原因，他们可能会发现拿走公司有价值的信息是正当的，包括认为这些信息是属于他们的，这种行为不会对公司造成伤害，或者虽然有伤害但不会被发现。其他常见的理由包括：保存工作样本，证明完成的工作，以备在补偿方面发生争议时作为业绩证据。我们无法把所有的理由编成目录，但考虑到人类的自我辩解能力，有一点是明确的：任何裁员都会给公司的商业秘密安全带来更高的风险。为做好准备并降低这种风险，应该高度重视处理那些最容易接触到公司最敏感信息的人，确保离职员工没有能力对公司造成最严重的伤害，并采用适当方式激励他们遵守离职规则，比如提供有条件的遣散费。

无论终止劳动关系的途径是什么，都应该有离职面谈。不要忽视这一步骤，也不要允许员工将面谈推迟到解雇后。请记住，这很可能是你最后一次向员工强调继续尊重保密义务重要性的机会。面谈开始前，请检查并确保所有存放在办公室或家中的钥匙、胸牌、电子设备和其他资料（如工程笔记本、商业计划书、报告和研究报告、客户名单）都已上交并接受检查，并且已经终止了对公司系统的访问。向该员工的直接主管了解相关背景，包括该员工近期的异常行为，以及接触过的商业秘密的信息种类。尽可能做好充分的准备，明白这可能需要在很短的时间内完成，因为通常的做法是，敏感职位的离职员工在发出通知或被解雇后不久就会被请出大楼。

与离职员工面谈的目标包括：让他们清楚地认识到自己对公司的义务以及公司在必要时会强制执行该义务的决心。

- 防止你的商业秘密被盗用或被不当使用（一个精心设计的深入面谈可以降低信息被滥用的风险）。
- 向法官或陪审团展示你对保护知识产权的重视。
- 收集有关此次离职所代表的竞争风险的信息。
- 在员工主动离职的情况下，详细了解员工离职的原因，以及可能涉及的其他人员。这不仅可以为你评估损失风险提供信息，还能够揭示可以解决的运营问题，防止更多员工离职。

与入职面试一样，离职程序也应该遵循一个清单，但要尽量避免照本宣科，也要避免任何"询问"或不必要的威胁语气。你以后可能会需要这位员工的帮助（可能是作为顾问，协助获得专利，或者只是解释一些遗留的工作）。但是，你要坚定地给员工留下这样一个明确的印象：员工对公司有严格的义务，该义务离职后继续存在。

如果员工拒绝回答你的任何问题，请不要追问，但请注意拒绝的理由以及给出的理由。试着弄清楚员工将在哪里工作，员工的新职责是什么，这些信息将允许你进行初步风险评估。尽可能多地了解具体情况，如果他们接受了一份新工作，要弄清楚这份工作是如何提出的，以及他们为什么决定离开。深入讨论这个问题，了解其他员工是否会因为类似的原因计划离开，这样你就可以采取适当的保护措施。

向员工解释公司的商业秘密不一定要存在于文件中，它们可能仅存在于员工的头脑中。因为很多离职的员工都希望带走自己的工作样本，或者把客户名称和地址的联系文件视为个人财产。因此，请指出这些材料属于公司，必须归还。向员工提供他们在就业之初签署的任何保密性协议的副本，最后请他们签署一份"终止声明"，该声明的常见形式如下：

• 本人声明，本人没有持有或未归还属于XYZ公司的任何文件、数据、笔记本、图纸、笔记、报告、提案或其他文件或材料（或其副本或摘要）或装置、设备或其他财产。

• 本人还声明，本人已遵守并将继续遵守之前签署的《员工保密和发明转让协议》的所有条款，包括本人对所有与XYZ公司有关的秘密技术和商业信息的保密义务。

拒绝签署这样的声明，如同在离职面谈时拒绝提供信息一样，可能会在以后的诉讼中发挥作用，用于证明不法意图。

解聘流程结束后，给员工发一封总结其义务的信函，还可以考虑向员工的新雇主发一封警示函。这两封信件的样本可参考附录6。（如果你有员工侵权的证据，在与员工或新雇主沟通之前，应当咨询律师，因为他们可能会利用你的指控，在对你不利的法院提起自己的诉讼。此外，在适当的情况下与有关客户联系，向他们保证过渡期的移交工作，同时收集任何有关不当招揽的信息。

离职员工的观点

辞职可能是一种变革性的经历，是建立自己的事业和拓宽视野的机会。但是，如果跳槽去了一个存在竞争关系的职位，也可能会招致一场削弱自身实力的诉讼。你需要为这种可能性做好准备，但要尽一切可能避免这种情况。（在下一章中，你将了解其中的原因。）因此，你的首要任务是自我反省：为什么要这样做？提防自己想报仇的动机，比如，因为错过了升职机会，或者最喜欢的项目被搁置。想要证明自己比他们想象的更好的冲动是危险的，因为这会影响到你对风险的评估，他们会关心你所做的事情，你说的或做的事情可能会被误解。

为离职做的最好准备是有条不紊，并且要基于这样一种认识：

对即将成为前同事的人表示一些顺从和尊重，对避免问题会有很大的帮助。

审查你的义务

从收集和阅读你在工作期间签署的所有合同开始，寻找明确的义务以及与公司信息有关的限制。最常见的条款有：

- 对使用或披露保密信息的限制
- 披露和转让发明的义务（有时在劳动关系终止后）
- 在保护专利方面进行合作的义务以及归还文件和设备的其他知识产权义务
- 竞业限制
- 对招揽顾客或其他员工的限制

回顾第六章关于合同的讨论。如果你不确定这些文件的含义或它们如何被用来对你不利，请在采取行动之前征求法律建议。例如，律师可以帮助你制定策略以避免违反协议，比如，设计你的新工作，使它不会与你的雇主竞争，或者采取某些方法攻击协议的效力，通过证明雇主违反了对你的某些义务，来免除你的竞业限制，或者主张协议是在胁迫或虚假的情况下签署的。

考虑在你离开公司后，公司可能会担心你掌握的那些信息。主要是技术数据？客户信息？产品计划？合作项目？当前产品线的问题？如果近期有任何离职事件引起了人们的关注，不妨做一下调查，看看公司的管理层是如何处理的。了解上述情况下产生焦虑的原因，将有助于了解什么样的信息被公司认为是最重要的，什么样的行为被认为是可疑的。

如果你是公司的经理或主管，请特别留意，因为你的风险因素远远超出了合同条款的范围。你将比任何同事更受益于律师的建议。在法律上，你是一个"受托人"，负有保护公司并以其最大利益行事的特殊义务。举例来说，参与一组人关于离职的讨论对你是有风险的，因为你可能有义务向上级管理层透露这个影响公司稳定性的威胁。关于这些问题的更多内容，在下面关于集体离职和创办新企业的章节中有介绍。

离职准备

请记住，准备加入竞争和真正加入竞争有很大的区别。这里的基本规则是，离职前，你不能开始任何形式的竞争活动。当你还在工资单上的时候，你对给你支付薪水的雇主负有忠诚义务。根据我的经验，当员工因为担心失去现有工作的安全感而跨越这条线时，最糟糕的问题就开始了。离职前探索未来的选择并与竞争对手面谈是可以接受的，但在你离开现有的工作岗位之前，请不要开始为新公司做任何形式的工作，比如与客户或投资者会面，或准备一份战略备忘录草案。创办新公司也如此，你可以注册公司、租赁办公场所、购买设备、打印文具，但不能开始拜访客户或开发竞争产品。请确保尊重这条道德和法律界线。

你应该对自己的计划保密吗？除非你想利用这种情况来讨价还价，否则答案通常是肯定的。即使你是负有特殊披露义务的主管或经理，如果只有你一个人而不是一个团体，你通常可以对自己的计划保密。但是，如果发生泄密并需要面对问题时，你需要仔细考虑要说的话。在你准备好之前，你可能会专注于保持你的薪水和不被解雇，但你还有一个重要的目标是避免诉讼。一种方法就是让你们的关系尽可能的直接和诚实。虽然一个"无可奉告"的回应可能会让你应付这个过程，但通常情况下，在你的计划上撒谎或主动误导是错误的，比如你说你要去的公司和你现在的雇主没有竞争关系。这对于可能成为"不可避免的披露"禁令对象的关键员工来说尤其重要（参见第十章），因为法官更容易得出他们不值得信任的结论。

底线是，在你的意图尚不明朗的情况下，尽可能多地做准备，如果遇到问题，一定要做好解决问题的准备。再重复一次，你的首要目标是平静地离开，避免诉讼。无论你能够为新工作做多少准备，或者为新公司的启动做多少准备，你最重要的任务是为离职做准备，让现在的雇主认为你的离职令人失望，但不是威胁。请关注这两个问题：我可以带走什么？我应该留下什么？

让我们首先考虑第二个问题，因为答案可以帮助回答第一个问题。你需要留下：（1）雇主支付或提供给你的一切；（2）你为雇主生产的所有物品，但日常业务中被丢弃的物品除外；（3）一切可以被合理主张为雇主商业秘密的东西。

你可以带走些什么？除了你积累的个人技能和知识，以及你的个人物品和文件（个人电子邮件、家庭照片）外，你还可以带走（1）所有与你工作条件相关的信息；（2）个人的非机密文件，比如日记；（3）雇主允许你带走的其他东西。请思考一下最后一类。如果你尊重你的管理层，并以诚实的态度处理问题，理解公司的顾虑，你可能会得到一批备忘录或软件程序，甚至是电子邮件和联系文件。有疑问时可以询问，这样可以提前把事情摆到桌面上，而不是后来陷入法律纠纷中，有非常大的好处。

近期引起关注的一个领域是社交媒体账户。谁拥有员工的 LinkedIn 联系人名录？逐渐浮出水面的答案似乎是：这取决于媒体平台的协议约定，而且员工个人可以保留账户。但雇主们已经开始采取措施，旨在将这类信息由公司控制，就像旧的 Rolodex 卡片文件通常被视为公司财产一样。目前最好的策略是，在假设员工可以保留社交媒体账户的情况下提出该问题，同时向公司提供所有与业务相关的数据副本。

创造好声誉的方法之一是把你正在处理的所有问题和项目整理好，并让它们在你的办公室里随手可得，这样在你提出离职通知时，可以证明你的诚意和在通知期内继续工作的价值，以便顺利完成工作交接。即使你的提议没有被接受，当天就离开了公司，也会留下有力的证据，证明你无意对公司造成任何伤害。而且，这将有助于公司做出不给你制造任何法律麻烦的决定。（事实上，对尚未完成的项目，公司也许会请你提供兼职咨询。）

在你离职的时候，可能会被要求参加一次"离职面谈"。请参阅上文关于雇主的讨论。这种情况下，你的总体做法应该是合作。虽然你可以拒绝讨论希望从事的具体项目（因为这可能是新雇主的商业秘密）。但你应该愿意大致讨论将要从事的工作类型。事实上，离职面谈向你提供了说服管理层的一个机会，让他们相信你不会构成威胁，你会非常认真地履行保守公司商业秘密的义务。在面谈过程中，你可能会被要求签署一份文件，确认你不会带走任何公司秘密或专有信息。除非你已经在其他协议中承诺提供这类证明，否则他们可能没有法律依据要求你这样做。然而，作为一个实际的问题，签署文件所表现出的合作态度可能有助于降低诉讼风险。

在准备离职的整个过程中，你应该把你做过的事情和所有相关的谈话都记录下来。你可能不需要这些证据，但即使只有发生争端的威胁，自信地引用细节的能力将有助于你保持冷静。当然，一旦发生了诉讼，你会有一个显著的优势，因为前雇主不太可能投入资源来创建一个同等的记录。

集体离职

一次离职通常不会引起管理层的焦虑，而一群员工的一次性离职则会引起管理层的焦虑。第一个原因是集体离职事件造成的损失更大，因为公司很难填补缺失的资源，或者安慰客户服务不会中断。第二个原因是，集团的经理会想方设法向上层管理人员解释离职事件，而猜测窃取公司机密或业务的计划通常会转移人们的注意力，使人们不再关注经理自身可能存在的缺点。这类事件发生时，人们的情绪通常会非常亢奋，以至于称其为"突袭"，令人联想到海盗或恐怖主义。

当然，每种情况都有其自身的背景，我观察到了一些重点，可能有助于更好地计划集体离职。首先，因为集体行动中通常会有一个领导者，管理层会把注意力集中在这个人身上，这个人通常具有管理责任，并因此承担了特殊的"受托人"义务。领导者的行为对任务的成功至关重要，在理想的情况下，领导者会仅利用从公共资源或新雇主那里获得的信息来安排向新机会（初创企业或现有竞争对手）的转移，而不是利用领导者对每个员工工作情况的个人了解。考虑到行动会曝光，参与该行动的所有经理人最好能获得法律建议。

由于管理层对这一消息的最初反应是惊讶和愤恨，他们会寻找一些旨在证明离职员工对公司造成伤害的阴谋和不良行为的证据。这就更需要集体离职的每个成员都遵循上面讨论的准则，即只拿走允许的东西，并且在准备离职的阶段最大程度地提高公司的恢复能力。这里有一个非常实用的建议：避免对其他留下来的人开玩笑或傲慢地打击，他们可能已经感觉到了背叛，你说的任何话都会被倾向解释为有恶意的证据。既然你的目标是干净而优雅地离开，那么对那些留下来的人表示一些同情和支持会有帮助。

集体离职并不一定要一次性发生，从而引发担忧并产生风险。虽然有些人认为，让一部分人先离开去新的创业公司，其余的人留下来，在需要他们的时候再把他们叫过来可能会更有效，但这个过程可能会被管理层视为"隐形突袭"。他们可能会感到愤怒，因为公司实际上被用作维持新的竞争者的员工库存，而每一次新的离职都会刷新竞争者关于公司的内部信息。

突袭并不总是与技术秘密有关，事实上，大多数诉讼都集中在客户关系上。在服务行业中，客户的忠诚度是基于公司的工作效率以及客户与公司代表私人关系的某种组合。在某些行业，如保险业，代理人可能对客户的特殊需求和偏好以及某些保单的到期日有个人知识。这些都可以被视为公司的商业秘密，当一个群体威胁要离开时，这种威胁会被视为迫在眉睫，甚至已经存在。由于这些观念会引发诉讼，因此你在准备工作时需要格外小心。

创办新公司

只要不回避现有职责，对新事业进行周密仔细的计划，既不违法也不违背道德。事实上，除非你是独立富有的人，否则你需要在破釜沉舟前并且还有收入的时候就开始准备。只要你还没有真正开始竞争业务或从雇主处中招募你的团队，你就是清白的。本节提供了一些帮助你制定计划的建议，前提是你不受任何竞业禁止协议的约束。但请记住，每个人的情况是独特的，该独特性将在一定程度上影响结果。请经常问自己：有什么可能会出错？为这些突发事件做好计划。

第一，好消息是，你可以做很多事情来为你的新事业做准备。你可以租用办公场所，预订电话号码，印制名片、公告和购买文具，租赁家具等。但你不能真正开始做生意，无论是订购原材料，向客户"预售"产品，制定具体产品计划，或是雇佣员工开展业务。

第二，不要让你的准备影响到当前的工作。请记住，你欠雇主一个完整的工作。如果你留下一大堆未完成的工作，让你的同事或上司难堪，你将无法向外界证明你是不可或缺的，而且你可能会引发一场官司。尽可能完成所有项目，利用假期或晚上来完成你的新计划，不要在办公室、上班时间或使用公司的笔记本电脑来制定你的商业计划。当需要提出通知时，以书面形式做出，提出继续留任或为公司提供咨询服务的建议，以确保平稳的过渡。你的提议很可能会被拒绝，但无论如何，它提供了你善意的证据。

第三，不要使用任何属于雇主的东西。不要使用雇主的商标或产品，甚至不要使用与雇主使用或销售的产品类似的东西。也不要将任何属于雇主的东西，或在工作中生产的东西留在家中或新办公室里，即使你只想保留它们作为工作样本。把所有材料留在你现在的办公室，并准备好在发出离职通知时移交材料。

第四，不要从现有雇主的队伍中开始培养新员工。单独的、"假设性"的谈话是有风险的，任何更多的谈话几乎必然会被视为大规模的招聘阴谋。一旦你离开，那些对你有忠诚感的人很可能会找你沟通到新企业的就业问题，接受他们的请求并没有什么不妥。此外，最初你可能需要的人很少，为非生产性的时间支付薪水是不合逻辑的。在这个关键时期，如果你现在的同事找到你，你只需感谢他们的兴趣，并解释说在你离开之前，不能答复他们的请求。然后在记录中记下这一请求，以便日后参考和跟进。

当你开始招聘时，详细记录你的工作。为每一位申请人备存一份档案，并在适当情况下体现：

- 员工的申请表（理想情况下，是员工主动提出的申请）

- 如果是招揽的员工，你是如何得到员工名字的

- 员工的薪酬、福利和专业知识（你必须收集这些数据，即使你

已经知道了）

- 员工签署协议承诺不携带任何属于前雇主的机密信息（参见附录一第 8 段）

最后一点经常被忽视或忽略，要么是因为天真地认为新员工不会做错事，要么是因为他们坚持保留了工作笔记、样本或表格。然而，得到这份协议并执行它可以帮助你避免诉讼。

就像对待员工一样，建立你的客户群同样需要注意。对雇主来说，也许没有什么比他们建立的"商誉"更有价值，以确保老顾客的持续光顾，可能没有什么比员工"偷走"这种商誉更让雇主愤怒的了。以下是一些远离麻烦的建议：

首先，研究你的市场和典型客户。是什么原因导致他们从一家公司而不是从另一家公司购买商品或服务？当你试图避免商业秘密主张时，以个人服务和友谊为基础的客户交易构成了一个挑战。忠诚度是很难改变的，法官可能会认为你只能通过给前雇主的工作来获得这样的客户。相比之下，那些因为价格、性能或服务的客观标准而购买产品的顾客，则不太可能给你带来法律问题，因为你通过提供优质的产品或服务在公平竞争下取得了成功。

其次，考虑如何识别潜在客户。客户名单是否通常由互联网或行业出版物等公共资源生成？如果是这样，你的雇主将很难主张这类名单是商业秘密。然而，如果客户是一家公司，识别客户公司内部的个人决策者可能会比较困难，这些名字的清单可能会被视为公司秘密。

最后，在构建自己的客户数据库时，要从零开始，并保持完整的记录。在你开业的第一天，准备一份关于市场和潜在客户群体的书面分析报告，列出可能取得客户名单的公共资源。当你审查这些资源并创建你的潜在客户名单时，为每一个潜在客户准备一份独立的记录，提供基本的联系数据，并添加上日期、名称和对话内容。在你的电话记录中，第一个有录音的电话是"冷"电话：你打电话给客户的总部，从前台接待员一直联系到决策者，逐步推进工作，记录与你交谈的每个人的姓名。严格按照这个程序进行，即使你希望最后能联系到过去五年或十年来一直在贸易展上与你交谈和联系的同一个人。这可能看起来很傻，浪费时间，但它可以为你提供有效的保障，防止你被指控盗用前雇主的客户信息。

当然，客户主动招揽你通常是合适的。一定要把这个招揽记录下来，提醒客户虽然你不能招揽他们的生意，但你很乐意接受他们主动提出的机会。但是，永远不要在你辞职和离开之前招揽客户。即使是"试探"一些信任的客户，询问假设你要离开，他们会怎么做也是很危险的，而且可能会被误解。如果你拥有良好的产品或服务，最好假设业务会跟随你走。

加入竞争对手

当你加入一个成熟的竞争对手，而不是自己创业时，面临的个人诉讼风险通常会更小一些。首先，你可以利用他们的资源来应对任何主张，并且你的前雇主知道这一点后，通常会采取警告函这类不太激进的方式。（参见附录六：警告函范本）

但你的新雇主是否愿意在法律诉讼中支持你，可能取决于你是否有任何明显的不当行为，以及在整个诉讼过程中对他们和前雇主是否诚实。例如，如果你没有告诉他们有一份竞业禁止协议，或者你带来了一堆偷来的文件，他们可能会很快撤回帮助，让你自己面对诉讼。因此，特别是在前雇主诉讼主张有可能成立的敏感情况下，你必须披露知道的一切可能会妨碍你接受新职位的情况，并严格遵守上述离职规则，以尊重你的义务和前雇主的权利。

但是，保护自己的过程早在第一次接受新工作的面试之前就已经开始。在这里要注意，有一些公司会发布他们并不打算实际招聘的职位通知，仅仅是为了接触竞争对手的员工。当然，这样做的目的是希望急于求成的应聘者能够越过那条界线，分享他们不应该分享的信息，因为他们没有意识到骗局的存在。很明显，如果你被问到一些信息，而且提问者应该知道这些是保密信息，你应该礼貌地拒绝回答，如果他们坚持，你应该离开。

假设程序合法，你应该利用随后的面试机会，表达你对现任雇主可能提出索赔的担忧，确保你已经披露了所有相关事实，并且与新公司讨论他们是否愿意在出现问题时保护你。在极端情况下，你可能会希望通过谈判获得书面的补偿承诺，尽管这种承诺有时会适得其反，之后被用作知晓错误行为的证据。（参见第八章关于 Waymo v. Uber 诉讼案的讨论）

就像那些离职创办自己公司的人一样，在你真正离开公司之前，你必须让现在的雇主充分和完全受益于你的才能。如果你还在受薪期间就开始为竞争对手做任何项目，将会违反你的忠诚义务，也很可能会违反你的聘用合同。

第十章

争议和诉讼

很多人对律师持警惕和不信任的态度，这不是什么秘密，也不是什么新鲜事。在 16 世纪莫尔构想的乌托邦中，律师是不存在的。1872 年伊利诺伊州一个著名的社会团体（Grange）的章程中规定，任何人都可以成为会员，但赌徒、演员和律师除外。

无论你的观点如何，律师、法官和诉讼是我们保护商业秘密传统机制的核心。你可能认为最好避免与律师打交道，但在信息时代，律师似乎越来越必不可少。了解商业秘密是什么并采取合理措施加以保护至关重要，但我们还必须了解如何解决涉及商业秘密的分歧。

本章将探讨商业秘密纠纷，从第一封警告函到和解或审判。你将了解到，如果有人对你威胁或提起诉讼，你应该如何应对；或者你准备对他人提起诉讼或威胁前，应该考虑哪些因素。诉讼通常非常麻烦和昂贵，因此我们还会研究"替代性争议解决方法"（Alternative Dispute Resolution），介绍比传统方式更迅速且更节省成本的争议解决方式，从而减少在律师身上花费的时间。

商业秘密诉讼

诉讼通常是昂贵的，商业秘密诉讼尤其如此。为什么呢？原因之一是信息资产已经承担了非常重要的作用，以至于权利人愿意不惜一切代价来保护它们。特别是在技术案件中，这些问题可能会非常复杂。根据我的经验，这种商业活动的高昂成本还有一个更常见的原因：人们对商业秘密窃取非常情绪化。事实上，这种纠纷比起法律上的任何其他程序，更像是一场离婚。所谓的受害者往往会感到背叛、被抛弃和恐惧，而被告则会经历愤怒、怨恨和困惑。理性的成年人有时会在这些情绪影响之下，将法律制度作为他们争取获胜的渠道。也许你会觉得有点夸张，但在我几十年来处理数百起此类纠纷的过程中，反复看到这种态势。令人高兴的是，这些戏剧中的大多数演员——他们可能非常富有戏剧性——都设法控制住自己的情绪。如果你陷入其中，意识到这一现实很重要。

虽然法律必须为那些遭受损害的人提供强有力的补救措施，但我们也应该意识到，商业秘密诉讼也可以被用作一种反竞争的武器。知名公司为了摧毁一个刚起步的竞争对手，有时会积极提出一个非常经不起推敲的诉讼主张。很多法律允许对那些毫无依据的案件转移诉讼成本的承担方。然而，明显没有法律依据的案件很少见，而且压制新竞争者的主要但隐秘的动机往往被隐藏起来，表现出来的是一些更容易被接受和更有支持力的理由。

参与新企业融资的人应当特别关注无正当理由的诉讼。大多数风险投资者都会同意，在其他方面势均力敌的机会中选择时，他们会避免有诉讼纠纷的公司。投资新企业的失败风险很高，投资者更青睐那些管理层能够集中精力发展新企业的公司。在我所知的一个案例中，一位风险投资者放弃了对一家新公司的投资，仅仅是因为这家公司在一份商业秘密起诉状中被提及为"共谋者"。

这不是一个容易解决的问题。给目标企业家最好的建议是做好计划，保持沟通渠道畅通，并做好迅速回应的准备。至于潜在的原告方，除了本章后面讨论的风险外，请记住诉讼是一把双刃剑；你可能会误判对手的能力和决心，对手可能会把你卷入一场比你预期更长、代价更高的战斗。

这体现了商业秘密诉讼的另一个显著特征：不可预测性。结果通常取决于某些事实是如何在审判过程中呈现的。法官对事实的解释各不相同，特别是在伦理道德成为驱动因素的案件中。在大多数司法管辖区，要等到审判的时候才会知道哪位法官将会审理你的案件，这可能要等上好几年。与此同时，各种审前的裁定可能会导致案件发生戏剧性的变化。

让我们来看一个典型的案例。（请注意：这个例子基于美国的诉讼实践。正如我们将在第十三章中看到的，世界上许多其他地区的商业秘密纠纷可能会非常不同，主要是因为在审判前很少或根本无法从对方那里收集证据。）

公司的几名员工在副总裁的带领下离职，成立了与之竞争的新企业，向同一市场销售类似产品。这个离职的团队领导最近在公司的一场内部竞争中输掉了定义新产品的机会。公司管理层担心：新企业可能会实行那些之前被公司否决的概念，同时也会使用公司有价值的保密信息。由于离职高管博得了员工的拥护，可能会有更多的员工离职，从而影响一些正在进行的研发项目。此外，其中一位离职人员是营销部门的中层经理，最近参加了公司的一次战略策划会议，某些客户也坦言新企业曾联系过他们。

公司请来律师准备起诉状，要求法院发布禁止新公司使用其商业秘密、雇佣其员工和招揽其客户的禁止令。律师们花了几天的时间了解事实，从公司员工和其他证人那里获得宣誓证词，并准备了一堆文件以启动法庭的较量。由于时间紧迫，还想保持出其不意的效果，公司决定不发送威胁性信函，而是直接提起诉讼。

禁止令

一天下午三点，公司律师打电话给这位前高管，告知他们将在第二天上午九点向法庭申请禁止令（restraining orders）。这位前高管——此时第一次成为诉讼中的被告——急忙给律师打电话。幸运的是，他已预料到了类似的事情会发生，并且已经咨询过相关情况。这位前高管的律师给公司律师打了电话，并设法在下午五点之前拿到了所有诉讼文件的副本。律师和当事人一起工作到深夜，为第二天的听证会做准备，在短时间内收集尽可能多的事实，做尽可能多的法律调研。与此同时，新企业已经慢慢陷入停顿，将全部注意力和精力集中在准备答辩上。

第二天上午，法官在例行日程开始前花了 15 分钟的时间来通读诉讼文书，并听取双方律师的辩论。被告还没来得及准备书面文件，但被告律师辩称：涉案技术并非商业秘密，员工们早已决定离开，客户也很容易找到，因为都列在他带来的商业名录中。

法官认为现阶段无法解决这些事实问题，于是按照公司的要求发布了一项临时禁止令（TRO），为了在事实得到彻底调查之前"维持现状"。法官安排两周后听审，以决定在等待案件全面审理的期间是否继续执行禁止令。

此时，新公司收到了更多的坏消息。律师需要至少 10 万美元来准备禁止令的听审。另外，客户和供应商也已经听说了禁止令（可能是从原告那里得知），在"一切都解决"前，他们不会作出任何承诺，也不会提供信贷。融资机会也因此停止，企业家们把所有的时间都花在向律师介绍情况、准备和参加听审前的证人陈述上（由法庭记录员记录的律师问答环节）。最后，律师表示，法官有可能会延长禁止令，因为事实并不像他所希望的那样有利。

大多数商业秘密案件的胜败就在这个阶段：法官必须在对案件的实质问题进行全面审理前决定是否签发"临时禁止令"。一旦签发了禁止令，很可能会对新公司的业务产生重大影响（即使是一个有限的禁止令，由于对客户的负面影响，也会对新公司产生严重的冲击）。新公司可能想要妥协，接受比临时禁止令较为宽松的限制，但这仍然会极大地束缚其手脚，并且一旦违反该禁止令，还可能被控蔑视法庭。在这个阶段，原告可能会同意接受低于"全额赔偿"的条件，只是为了获得某种命令以证明诉讼的正当性，并慰藉其受伤的公司自尊心。

另一方面，如果原告要求法院签发临时禁止令的申请失败，人们对推进案件的热情往往会降低。原告可能会放弃案件，或者接受名义上的赔偿与和解。从这个意义上说，临时禁止令的听审实际上成为了一场"小型审判"，因此需要投入大量精力来准备。

在我们的例子中，临时禁止令已经签发，原告因胜利而感到兴奋。但法官还是大幅缩小了禁止令的范围，新公司的律师认为，公司可以在不违反禁令的情况下按计划继续开发特定产品。此外，法官只是禁止被告"招揽"原告的员工和某些客户，并明确新公司可以接受客户主动招揽的权利。由于新公司的业务不太可能受到禁止令的重大影响，而且原告的全部请求可能会在正式审判中被驳回，给新公司提供洗刷罪名的机会，因此新公司决定继续战斗。事实上，新公司认为，最好的防御是有力的进攻，并且对原告提出了反诉，指控其违反反垄断法、构成商业诽谤并侵害合同关系。

被告在反诉中主张，原告未能采取合理措施保护其商业秘密，而且工作环境变得非常恶劣，以至于无论是否受到招揽，其员工都想离开。尽管在临时禁止令上取得了成功，原告现在可能会考虑自己究竟赢得了什么。虽然取得了一项针对被告的禁令，但这个禁令有很多空子可钻，而且很难证明新公司存在违反禁令的行为。同时，原告发现自己卷入了一场有关员工幸福感以及其商业秘密是否真实可行的公开战役中，这些或许都是原告希望避免的问题。当然，还有原告自己的律师费账单，诉讼的严峻现实成为人们的关注焦点。

让我们暂停一下，想象一个略有不同的情景，以展示对"不可避免的披露"（inevitable disclosure）情形申请禁止令的可能性。在这个新的假设中，公司高管没有组建自己的公司，而是决定加入一个现有的竞争对手。与之前一样，他将从事一款非常类似的产品工作，并将在营销和产品开发部门担任关键职位，做的工作与他在前雇主的工作基本相同。此时，前雇主请求法院禁止他为竞争对手工作，或大大限制他能做的工作，该请求基于一个假设：该员工将无法在不违反保密义务的情况下从事新的工作。

这正是百事公司在 1995 年出现的情况，当时其北美区总经理威廉·雷德蒙宣布他将离开百事，到桂格食品公司旗下的佳得乐担任类似职务。两家公司正在为争夺运动饮料和"新时代"饮料品类的主导地位而展开激烈的较量，雷德蒙完全掌握百事公司的所有战略和运营计划。百事公司认为，即使雷德蒙试图遵守他的保密义务，也不可能真的做到，而且雷德蒙披露或使用百事公司的保密信息是"不可避免的"。重要的是，雷德蒙已经表明自己并非完全值得信赖，因为在百事公司最初询问他的计划时，他隐瞒了自己的计划。法院禁止雷德蒙在几个月内去桂格公司工作，并将他比作一个球队教练，在一场重大赛事前手握比赛手册叛变至对手方。

这一结果被称为"不可避免的披露"禁令，它与《统一商业秘密法》（*The Uniform Trade Secrets Act*）中的一项条款一致，该条款允许针对"威胁盗用"（threatened misappropriation）（威胁是由事实而非声明来证明）颁发禁令。一些评论人士和法官批评这种做法是法院事后强加的竞业禁止协议。另一些人则指出，这类禁令很难获得，几乎都是临时性的，而且通常会包含持续支付员工薪酬的安排。更常见的情况是，"不可避免的披露"的理由被应用于执行竞业禁止协议的案件中，该协议正是双方为避免明显危及前雇主秘密的情况而做出的。

2016 年的《保护商业秘密法》（*The Defend Trade Secrets Act*）针对离职员工的禁止令提供了一个成熟的方法，最终可能有助于协调全国各地法院处理这一敏感问题的方式。该法要求法官关注员工的行为，当员工离职到公司的竞争对手从事非常类似的工作时，表明他们无法被信任能够遵守保密义务。不能仅仅基于该员工知道得太多这一理由颁发禁令。如果某人谎报了自己的去向，或者在离开时攫取了大量机密信息，他们可能会被阻止——至少是暂时地——在滥用前雇主秘密风险过高的部门或项目中为新雇主工作。

证据开示（Discovery）

现在我们回到前面假设的诉讼。在法院颁布临时禁令后，消耗战开始了，每一方都在为证据开示做准备，试图从对方获得支持自身主张的证据。美国法院广泛施行的证据开示程序有多种形式：包括双方员工（从首席执行官到文件档案管理员）的证词，也会有数页的书面问题需要回答，通常还会有数千份文件和电子档案（包括电子邮件）需要出示。在这种情况下，成熟的公司可能有数十万份相关的档案，而对手是一家新公司，相关记录可能较少。

证据开示阶段需要律师长时间的参与，需要大量的管理时间，并允许双方梳理对方最机密的档案。法院会颁发"保护性命令"（protective order），禁止任何一方将证据开示程序中收集到的信息用于商业目的。然而，很多原告担心这种大范围的证据开示会让被告收集更多离职员工留下的商业秘密细节。出于这个原因，最敏感的数据通常被限制在律师而非客户的审查范围内。

在我们的案例中，双方不仅把证据开示程序作为了解事实的一种方式，同时还把它作为一种策略武器。被告的律师占用原告员工长达几个星期，把他们从已经因同事离职而推迟的关键项目中带走。而原告一心想要传达一个信息，如果不能把被告赶出这个行业，那就对被告几乎所有的新客户和供应商进行取证，让这些客户和供应商越来越恼火。法律并不希望证据开示产生的这些副作用。但造成损害的动机可能仅次于合法目的，即收集必要的事实以发展案件或提出抗辩。不管是否是次要的，给对方业务造成实质性干扰往往是一个重要的动机，而且几乎总是结果。

在争议的这一阶段，双方都会高薪聘请顾问或专家。不仅在技术问题上，也在客户名单和突袭索赔等问题上征求顾问的意见。这些外部专家可以阐述一份独立的客户名单如何轻易建立，价格和其他客观标准在特定市场中的相对重要性，以及原告有能力通过雇佣替代人员来避免所有损失。就像刑事审判中的精神病学家一样，商业秘密案件中的专家在同一问题上可能会提出截然不同的意见。然而，由于涉及的问题复杂，商业秘密案件很少能在没有专家的情况下进行诉讼。在我们假设的诉讼中，双方都需要至少两名法庭专家，一名处理技术问题，另一名经济学家来证明双方的实际损失或原本可以避免的损害。

律师不会把所有的时间都花在提问和阅读文件上。他们经常去法院解决临时性的争议，包括诉讼应该在哪里审理，应该允许什么样的证据开示，以及是否应该任命一名"特别专家"或法庭专家。每次出庭都会产生更多的文件，需要更多的时间和金钱。这并不是说这些活动是不必要的，这些动议（motion）会对审判的重要方面产生影响，而且结果往往难以预测。但它们需要花费大量精力，增加成本，并延长了进入审判的时间。

审判

当证据开示和动议程序停止或大幅放缓时，双方就会为最终的冲突——审判做准备。除临时禁止令阶段外，大多数商业秘密诉讼在这个阶段得到解决。每一方都清楚案件的优势和劣势，以及另一方能够证明什么。引发最初诉讼的事件已经过去了一年多，双方现在会更加客观地看待自身的处境。由于律师为准备开庭投入了大量的工作，双方在这个关键时刻都面临着巨大的成本。开庭准备工作通常集中在两到三个月内完成。

律师收集、整理和总结自起诉以来收集的大量信息，将它们以简明扼要、合乎逻辑的形式呈现出来。这项工作的费用将十分可观，与紧随其后准备开庭的费用相提并论。面对短时间内可能出现的大笔现金支出，双方认为和解是符合利益的选择。

经过调解（参见下一节），原告授予被告一项非排他性许可，使其能够使用该技术，并收取许可费。原告现在已经人手充足，放弃了难以举证的掠夺性雇佣主张。被告同意不再招揽更多原告的员工和某些客户（被告对这些客户并没有兴趣）。双方的其他诉讼请求都被撤回。和解协议将保密，允许双方向其员工和客户表明其已胜诉。

我们在上面假设的案件和大多数真实的案件一样，以谈判和解而告终。但当这些诉讼真的进入审判阶段时，它们往往非常有趣，甚至可以说是戏剧性的。让我们想象一下这些场景：一个法官或陪审团，没有一个有专业学位，去试图理解和评估两个计算机程序或复杂的化学过程之间的关系；或者原告为一名"宝贵的"低级别员工的"信息盗窃"而辩论，但这名员工一直以来得到的都是差评和少量加薪；或者双方正在为彼此的产品和营销计划激烈争论时，转身看到竞争对手的代表就坐在法庭观众席上旁听。在受到商业秘密诉讼的威胁或考虑是否提起诉讼时，请考虑这些场景。

纠纷的解决和替代性争议解决

从这个例子可以看出，全面诉讼并不总是解决问题的最佳方式。美国的诉讼实践的确有一个好处，就是把所有相关信息都摆在桌面上，让各方做出知情决定。但是，也涉及一些风险，比如失去竞争地位，失去员工和客户的士气和尊重，因诉讼泄露和丢失更多数据，而且还可能会输掉官司。唯一可以确定的是：你必须花费大量的时间和金钱。

此外，对抗机制往往会加强双方的对立和分化，使其立场更加强硬，特别是在争议的开端，双方往往情绪高涨。如同为战争做准备，双方都会不断升级自己的言论，以便在漫长的战斗中保持自己的士气。这种态度会破坏原本可以持续的良好商业关系。考虑到90%以上的案件在审判前就得到了解决，我们有理由来研究是否有其他更好的争议解决方法。

另一种途径通常被称为"替代性争议解决"（alternative dispute resolution），即ADR。ADR的两个特点使其特别适合解决商业秘密纠纷。首先，ADR通常是保密的，因此不会出现公开审判或公开文件导致信息安全进一步受损的问题。其次，由于不那么正式，也不太可能对当事人持续的关系产生有害的影响，不仅是在争议双方之间（他们的关系可能无论如何都无法挽回），也包括与他们在乎的其他人之间，比如客户、供应商、投资者，或许还有他们自己的员工。

当采取ADR时，我们需要在两条途径中选择一条。第一种是"裁决性的"（adjudicative），因为这意味着某人像法官一样，对案件进行裁决。最常见的例子是由一位专家或中立的专家小组进行仲裁。在一些司法管辖区，还可以聘请律师或退休法官担任私人法官，其裁决可以通过法院系统以常规方式上诉。（然而，私人裁判并不那么保密，因为存在对封存法庭档案的常规限制。）仲裁作为一种争议解决的方式普遍受到青睐，并得到了法院系统的支持，法院系统倾向于遵从仲裁员的裁决，并且只允许有限的上诉理由。这一观点得到了国际条约的巩固，这些条约允许在其他国家执行裁决，但有某些例外。

在仲裁中，取得良好结果的关键是一个明智的仲裁员或仲裁小组，对商业背景有所了解，不太可能受到违背信任等情感因素的不当影响，最终结果更有可能考虑到当事人的商业现实。仲裁的一个潜在缺点是，证据开示的范围通常比法院（至少是美国法院）提供的范围更窄；但这与该程序的一个固有优势有关，即与传统诉讼相比，管理得当的仲裁会更快、更便宜，造成的附带损害也更少。

有相当多的专业机构提供仲裁服务，有合格的中立人员名单和协助管理的行政人员，相对于诉讼成本，他们的费用相对较低。但通常各方可以自由协商达成修改意见，例如采取某些步骤的时间，或适用的证据开示类型。

此外，这些机构几乎总会提供另一种 ADR 服务："促进性的"（facilitative）解决途径。在这里，你并没有将决定结果的权力交给某人。相反，由争议各方提出解决方案，而中立者，通常被称为调解人、促进人或调停人，往往以"穿梭外交"（shuttle diplomacy）的形式与他们沟通，帮助找到可接受的解决方案。

我认为，在商业秘密案件中，促进性途径（"facilitative approach"）通常是 ADR 的一种更有效的形式。不会让敌对双方相互斗争来作出谁是谁非（以及后果）的裁决，而是当事人在一位公正中立的专家的帮助下为自己定制结果，该专家通常能够看到对当事人来说模糊的可能性。例如，可以用交换服务的方式来支付费用；对行为的限制可以用协议而不是法院命令来表达。调解不仅会产生更大范围的结果，这一过程本身也可以对当事人本身、以及个别员工和客户之间的各种关系起到恢复性作用。但关键的优势在于，对双方来说，成功的结果是用他们自己（而非一个陌生人）的语言来表达的，因此具有共同拥有的持久力。这样，一场由情绪引发的难堪纠纷有时可以转化为一种积极的商业关系。

是否选择 ADR 来解决争议，部分取决于你对于传统争议解决方式的优势偏好。事实上，你的律师可能正在强化你的这种看法。在不知道你的争议的具体细节的情况下，我个人的建议是：从这个角度退后一步，为你的公司想象一个能够在没有诉讼成本和风险的情况下继续前进的结果（见下文）。如果这看起来更可取，那么就请你的律师尽其所能将争议向这个方向推进。

原告的考虑

如果你认为自己可能是窃取商业秘密的受害者，除非窃取行为很明显且损失迫在眉睫，否则应当谨慎地进行任何诉讼。请与你的法律顾问一起调查此事（这样可以保护程序不被公开），并仔细考虑你的选择。切记大多数商业秘密纠纷中的情绪性因素，以避免成为这些情绪的牺牲品并且更好地理解所有的参与者。在调查阶段，考虑以下与潜在诉讼相关的问题：

提起诉讼的目的是什么？为了阻止对关键信息的滥用？为了阻止招揽员工或客户？为了阻止一名关键员工加入竞争对手？还是为了获得赔偿？充分思考这些问题的答案将有助于制定明智的战略。全面考虑一个可接受的解决方案会是怎样的。谨防为了伤害对手而发起诉讼；在冲突的每个阶段，都应该知道需要什么才能让自己满意并退出。

是否所有的公司高管都参与并致力于法律程序？这可能会以不明显的方式直接影响他们，而且你需要获得广泛的支持来投入所需的资源。

你是否全面、详细地了解你的商业秘密？你是否进行过任何形式的审查，公布并实施了信息保护方案？保密政策和程序的进展状况如何？你能否肯定公司已尽合理的努力来保护其数据？如果你必须找出任何可能已经松懈的地方，会是哪些地方？（关于可能会发生的情况，请参阅第五章。）

请了解你将面临的全部成本。律师费只是其中的一部分，尽管这部分费用可能很大，但参与商业秘密诉讼还有许多其他不太明显的成本，比如：

- 管理人员和其他专业人员将不得不花费时间，从他们的生产性工作中抽身帮助指导律师、审查文件和参与取证。

- 即使这些人没有直接参与进来，他们（或许是全部员工，把这看作是一出有趣的肥皂剧）也会分心，工作效率也会降低。

- 员工可能会认为公司反应过度而士气低落；但如果他们对被告有怨恨感，这种影响也可能是积极的。

- 客户可能会因为服务中断和不得不参与"第三方证据开示"而恼火。

- 可能会有关于公司丢失数据或人员流失的负面宣传。

- 被告可能会对你提出反诉，指控你有某种反竞争行为。

- 在诉讼过程中，你的信息的保密性可能会进一步受到损害，因为很多不同的人在诉讼过程中要处理或存储这些信息，或者必须在公开的法庭上披露信息。

- 结果可能是，你错误认定了被告的所作所为。在雷诺公司（Renault）最近提起的一起案件中，公司受到调查人员的误导，解雇并起诉了高管，却在几周后不得不尴尬地纠正其做法。

- 即使你的基本诉求是正当的，商业秘密案件也并非完全可控，它们可能会因各种原因对你不利，比如一个你不认识的证人撒谎，或者一些隐藏但令人尴尬的事实浮出水面。

考虑到所有这些成本，在没有仔细考虑替代方案的情况下绝不应该发起诉讼。尽管你感到失望，或许感到被欺骗或者怨恨，但公司是否有一个有效的方法将情况转变为积极的关系，甚至可能是合作？如果没有，是否有某些措施，比如一封措辞强硬的警告函，能够让你得到所需要的东西，即使不是你想要的全部？

在仔细考虑后，如果你得出的结论是有必要提起诉讼，那么你应该与律师一起制定一个明确的计划，确定你期望如何实现你的目标、其中涉及的风险（以及相关的应急和缓解方案），以及可能达成一致解决方案的转折点。你是否应该就可能的刑事起诉与当局交涉？（见第十二章。）你应该先送达一封律师函，还是直接提起法律诉讼，以达到"震慑"效果？你应该要求法院立即签发临时禁止令，还是等待证据开示后更好地陈述案件？

一旦开始战斗，就应该坚持下去争取胜利；要记住这关乎企业的经营，而不是私人的事情，作为管理者，你的任务是要随时了解可能改变结果的新事实，以及达成谈判结果的机会。

被告的考虑

除非你的公司规模很大，而且原告对你的诉讼主张严重错误，否则你的目标应该是：平息情绪、参与讨论、找到解决或摆脱诉讼的方法。当然，你可能面对的是一个失去理智的对手，除了战斗别无选择。但根据我的经验，商业秘密诉讼很多时候都源于误解（在一个案例中，一句在机场随口说的玩笑话，就导致了一年多的激烈法律诉讼），在其他人受情绪驱使时，你只要保持冷静的头脑，就能成为最终的赢家。

与原告不同的是，你可能没有足够的时间来准备答辩，特别是当它直接以诉讼的形式出现而没有事先收到律师函的情况下。例如，在原告直接申请禁止令的紧急情况下，你必须在几个重要领域同时处理多项任务。你必须建立沟通和控制渠道，以准备回应。你必须妥善保管所有文件和电子档案，以避免有人主张你破坏证据。你还必须尽量去了解原告可能的动机和目的，以及是哪些人在推动和决定提起诉讼。

当然，你应该与你自己的法律顾问和其他顾问一起坐下来讨论，确定自己的目标和战略。同样，作为被告，你的首要目标应该是解决问题，并在可能的情况下结束法律诉讼，因为你还有许多其他更有成效的事情要做。通常这需要谨慎、冷静的第一反应，并推动尽早讨论（也许是在律师不在场的情况下，在负责人之间的讨论）。如果这样做失败了，那么你需要准备好转向积极有力的答辩，可能还要提出反诉，以便让双方的风险更接近平衡。

考虑到这一点，如果纠纷始于一封律师函，那么通常你的应对措施应该是争取时间进行调查和计划，要求会面并在诉讼之外探索可能的解决方案。例如，可以考虑本章前面介绍的一系列替代性争议解决（ADR）方式。对于愤怒的辩论者来说，尤其是在这个过程早期，通常很难看到能使每个人都受益的所有可能的问题解决方式。这就是为什么 ADR 更适合于商业秘密争议，因为在这种情况中，情绪可能会在幕后发挥作用，从而掩盖理性的可能。

因此，首先提出会面。考虑邀请一名协调人参与进来，这位协调人也许是一位资深的业内退休高管。考虑提出一些具体的建议，这些建议可能会成为最终解决方案的一部分，例如任命一名技术专家对公司的操作进行检查和报告，而不是在这个时候选择低效和破坏性的诉讼程序。

事实上，在某些情况下，有可能将案件提交仲裁。你应该审查原告前雇员的劳动合同，看看是否有适用于这种情况的仲裁条款。即使你的公司不是合同一方，但一些法院认为，遵从支持仲裁的强有力的公共政策，应该允许处于你这种情况的人利用仲裁。

清单上的另一个项目应该是核实保险责任范围是否覆盖对诉讼的辩护。虽然有一些公司愿意制定专门针对侵权主张或辩护的保险，但在大多数商业保单下确定承保范围很棘手，你可能需要咨询这方面的专业律师。

为应对诉讼中的主张，你应该首先关注以下传统的辩护理由：

- 所主张的商业秘密不符合条件，因为该信息是众所周知的或容易找到的，它代表了个人的技能，或者它没有提供真正的竞争优势。

- 被告并没有使用过这些信息。

- 原告没有给予合理的努力来保护信息的机密性。

- 该诉讼主张只是为了掩盖原告试图损害或消除竞争的意图。

从战术角度看，在诉讼中，就像在谈判中一样，你需要时间来了解情况并确保对事实有清晰的了解。如果没有足够的理由采取其他措施，那么利用任何程序上的延长期限是有意义的，尤其是在案件的早期。除了这个总体的观点外，还应该考虑两个重要的策略。

首先，尽早要求原告以书面形式明确界定主张被窃取的商业秘密。请记住，与专利不同，商业秘密不受政府机构的审查，而且通常只有在诉讼中才需要对商业秘密描述。你的责任是促使原告对其描述，并在必要时尽可能地质疑其充分性，以便有足够具体的内容与公共领域中的内容，以及你自己的数据和方法进行比较。如果没有这一准则，原告可能会倾向于用过于模糊的术语来描述其秘密，导致你无法对其进行有效的抗辩。

其次，你应该对原告、与原告有关的人（如客户、供应商和投资者）以及可能掌握案件信息的人要求充分的证据开示。既然原告发起了这场战斗，那么让原告自己也感受到诉讼的压力才是公平的。而且，通常正是证据开示发现的事实可以帮助你构建一个令人信服的答辩，这就是它有这个名字（discovery）的原因。

第十一章

商业秘密与政府

政府深入介入商业秘密。大多数企业必须在一定程度上与其开展业务所在的国家政府分享企业的商业秘密。政府购买产品和服务时，通常要求企业提供相关数据信息。政府对行业进行健康和安全监管，要求披露保密成分和工艺，通过进出口管制影响跨境信息流通。政府是法律和很多标准的制定者，这些法律和标准影响私营部门保护其信息资产的能力，有时也影响到其责任。

各国政府在处理这些问题的方式上存在争议。根据美国贸易代表《特别 301 报告》，其他国家削弱或损害商业秘密权的方式不同，比如，以监管审批为条件，要求企业提供过多的信息，甚至要求其转让技术；不能防止企业的竞争对手获取企业提交的信息；不能提供有效的权利强制执行措施；要求使用本地产品或服务，从而鼓励那些希望进入国内市场的外国公司进行技术转让。

本章将以美国为中心示例，探讨政府在商业秘密领域中的各种角色，评论一些国际上的重要发展，帮助你初步了解下述问题：如何从政府那里获取信息；如何最大程度地防止政府向他人泄露你的商业秘密；为保护商业数据的实用框架，政府做了哪些支持工作。

联邦政府与商业秘密保护

在信息仅仅能够促进交易的时候，各国政府通常满足于让行业自己来处理信息问题。如今，信息成为了经济的一部分，政府的干预力度变得更大。

统一法律

企业需要发展壮大，没有摩擦的市场才能有效地交换商品和服务

（包括信息）。为了在全球开展业务，企业能够从相同或非常相似的商业秘密法中受益。传统上，知识产权法由各个主权国家控制，但随着时间的推移，国际条约使各国有义务根据广泛接受的标准制定法律，知识产权法在国际层面取得了一些进展。

商业秘密法在 1995 年迈出了一大步，在美国的领导下，当时正在组建世界贸易组织的国家达成了《与贸易有关的知识产权协议》（TRIPS）。TRIPS 协议第 39 条对"未披露信息"（即商业秘密）规定了一套简单的保护规则。我们将在第十三章对此进一步解释。这些定义和原则直接改编自美国《统一商业秘密法》，预期随着时间的流逝，TRIPS 将成为全球统一商业秘密法制度的试金石。

我们将在第十三章提出，TRIPS 标准还有很多没有覆盖的内容，最重要的是法院执行商业秘密权利的方式。因此，国际协调的工作仍在继续，最常见的是在双边"自由贸易协定"谈判，比如《美国—墨西哥—加拿大协定》或者欧洲联盟内部的区域性谈判。

欧盟于 2016 年发布了《商业秘密指令》，旨在协调欧盟国家之间差异较大的法律，至少在商业秘密的定义、侵犯商业秘密的民事救济，以及对法庭披露信息的保护措施方面进行了协调。欧盟各国商业秘密法的一致性得以提高。但是，一些重要的差异（比如，是否有刑事补救措施）仍然存在，免责范围也尚未得到明确。

经济间谍法

在 20 世纪 60 年代之前，美国几乎不存在对盗窃商业秘密的刑事制裁，当时一些引人注目的案件促使各州制定了自己的法规。1996年，冷战结束后，有证据表明外国政府越来越多地参与获取商业秘密以促进其国内产业，国会因此通过了《经济间谍法》（*Economic*

Espionage Act)。《经济间谍法》采用与《统一商业秘密法》相同的基本定义，将窃取商业秘密的行为确认为联邦犯罪，并特别强调了旨在使外国受益的行为。一经定罪，最高可以被罚款 1000 万美元和监禁 15 年。（关于刑法、基本程序，以及有关《经济间谍法》的更多详细信息，请参阅第十二章。）

近年来，《经济间谍法》得以加强，其修正案旨在明确商业秘密的范围并加重处罚力度。但该法严格限于刑事案件，只有联邦检察官才能使用。最近颁布的《商业秘密保护法》对《经济间谍法》进行了修正，允许原告可以选择在联邦法院提起涉及州际贸易的民事诉讼。

2016 年美国联邦《商业秘密保护法》

与欧洲相比，美国的商业秘密权利人受益于更长并且更有力的相关法律和标准化程序。正如我们在第四章中看到的那样，美国商业秘密法建立在一个多世纪的州法院判决基础上，这些案例创造的规则被总结在 1979 年的《统一商业秘密法》（*Uniform Trade Secrets Act*）中，该法被纽约州以外的其他各州采纳（存在一些变化）。

但是，在瞬息万变的数字环境中，信息资产非常容易跨境流动，州法院通常无法快速有效地做出回应。尽管《经济间谍法》在处理最恶劣的案件方面卓有成效，但它只是一部刑法，平均每年只有不到十起案件被提起诉讼，这反映了联邦检察官在"排除合理怀疑"这一举证责任标准时面临的挑战。（更多关于商业秘密盗窃的刑事问题，见第十二章。）

为回应业界的关切，国会于 2016 年通过了《商业秘密保护法》（*Defend Trade Secrets Act*），首次提供了直接在联邦法院提起诉讼的选择。联邦法院的法官习惯处理涉及跨国当事人的案件。（我有幸向参议院提供意见并参与起草了这项法案。）《商业秘密保护法》使用了与各州《统一商业秘密法》一致的语言，原告获得了使用统一程序规则的优势，并有机会由熟悉国际交易特殊性的法官审理案件。

《商业秘密保护法》反映了国会对日益严重的跨境商业秘密窃取问题的深切关注。作为立法的一部分，国会要求司法部长每半年就基于外国的商业秘密窃取行为的影响进行报告。

《商业秘密保护法》的若干方面值得特别注意。首先，与国会关注的声明一致，如果任何促进犯罪的行为发生在美国境内，或者如果行为人之一是美国公民，则该法可以适用于发生在美国境外的商业秘密窃取行为。与试图说服州法院的法官对外国被告行使管辖权相比，这为原告提供了一个更加有力和可预测的程序。

其次，《商业秘密保护法》提供了一个独特的程序，以确保获得紧急命令来扣押包含商业秘密的财产。例如，当公司发现一名雇员将敏感文件存入 U 盘中并即将搭乘国际航班离开时，这种补救程序会特别有用。

最后，为举报员工提供特别保护。尽管员工对雇主负有保密义务，但《商业秘密保护法》允许员工以保密方式向其律师、有关当局或法官披露与涉嫌犯罪有关的商业秘密信息。（在与员工签署的保密协议中，雇主应当通知员工这一例外情况。）

事实证明，《商业秘密保护法》颁布以来，向联邦法院提交诉讼的选择相当受欢迎，特别是在证人位于其他州或国家的案件中，联邦法院的经验会非常有帮助。然而，联邦法官也可能对一些商业秘密索赔持怀疑态度，潜在的原告也应该考虑在州法院发起诉讼的好处。

国际贸易委员会

　　美国国际贸易委员会（ITC）是一个独立的准司法机构，它为投诉违反知识产权法的进口商品提供了一个争议解决平台，其目的是通过防止侵权产品进入美国来解决不正当竞争的问题。与其他法院相比，ITC 对案件的处理速度非常快（通常是 12 到 18 个月），主要救济措施是命令美国海关停止在边境进口产品，这对生产商来说可能是毁灭性的。

　　虽然 ITC 的管辖权涵盖了商业秘密，但许多年来，很少有窃取商业秘密的案件在 ITC 提起，主要的原因是：在缺乏全面的商业秘密联邦法律的情况下，权利人不清楚应当适用的法律。目前，这种情况正在发生变化。2011 年，联邦巡回上诉法院针对 ITC 案件的一项判决中指出，即使是完全发生在美国境外的商业秘密盗取行为，也可以作为 ITC 发布排除令的依据。

　　有一个案例说明了在国际商业交易中可能发生的信息窃取行为，以及我们应当采取何种措施去应对这类行为。一家美国公司研发了一种用于制造铁路车辆钢轮的秘密工艺，并通过严格的保密协议将该工艺授权给了几家国外的公司。WD 公司并不是被许可方，但企图获取该项秘密工艺。WD 从获得许可的公司中雇用了九名员工，让他们披露知道的信息（违反这些员工的雇佣协议）。WD 公司利用这些信息制造了钢轮，然后试图将产品出口到美国，ITC 介入并禁止了这些产品的进口。这个例子体现了普通法院不具备的一个非常特殊的程序权力，该权力可以用于应对国际商业间谍产生的问题。

安全标准

　　如第五章所述，美国国家标准技术研究所（NIST）发布了《改善关键基础设施网络安全的框架》，该框架虽然侧重于关键基础设施，但明确了可以在几乎所有行业适用的保护信息安全的领先做法，这些做法根据企业的情况和面临的威胁而有所不同。在缺乏行业标准的情况下，NIST 框架是政府介入阐明行为标准的范例。尽管目前这些准则是自愿性的，但这些准则或类似的准则很可能成为强制性的准则，公司董事会将不得不遵守相关的信息保护计划。

责任标准

一般而言，当政府制定信息安全管理技术标准时，应当遵循的原则是，对信息资产负责的人员（即公司董事会和管理层）应履行对公司的受托义务执行这些标准。2013 年，欧盟委员会发布了《欧盟网络安全战略联合通报》（*Joint Communication on Cyber Security Strategy of the European Union*），提议立法要求企业评估其网络安全风险并就此采取行动，并向当局报告事件，并指出：业界应当思考如何让首席执行官和董事会在确保网络安全方面承担更多责任。

美国联邦贸易委员会（FTC）对温德姆酒店集团（Wyndham Hotels）提起诉讼，指控其未能"对酒店收集和维护的个人信息提供合理和适当的安全保障"，称其违反了《联邦贸易委员会法》第 5（a）条禁止实施影响商业的不公平和欺诈行为。尽管这起案件涉及数据隐私，但我们不难看出，它与对股东或其他治理机构基于忽视安全责任而提出的指控存在相似之处。2014 年初（并在 2018 年进行了更新），美国证券交易委员会（SEC）发布了一项"网络安全倡议"（Cybersecurity Initiative），明确了对从事证券行业的公司的期望。这很可能也是关于未来的一个征兆，所有商业领域的公司都面临着对市场和政府监管机关的新义务。

出口管制

很多国家都建立了管制制度，对可能涉及国防或国家安全的货物和技术向国外转移进行控制。这显然适用于武器系统，但也适用于在军事和商业环境中具有"双重用途"的某些类型的信息。计算机设备和软件都可以涵盖在内，加密工具是一个特别有争议的例子，因为互联网早期刻意"弱化"的加密技术现在以漏洞的形式困扰我们。对于美国的技术信息，可以通过审查商务部的《商业管制清单》来确定覆盖范围。如果在覆盖范围内，则必须在出口货物前获得许可证。

由于联邦政府希望在国家安全与鼓励出口之间取得平衡，这些限制并不适用于大多数企业。但对于从事跨境联合研究项目的研究机构和公司来说，这可能是一个重要的问题，需要密切关注这一问题以避免违规。有一个特别需要注意的问题是："出口"并不总是要求将受限制的信息发送到海外，在美国境内向外国政府的国民，特别是向那些受制裁国家的国民披露信息也可以构成"出口"。

向政府披露商业秘密

无论你是否愿意，我们都不得不将我们的数据（有时候是最敏感、最有价值的数据）提供给政府。美国每年花费超过 5000 亿美元购买商品和服务，随着购买力的提高，美国有权要求获取大量相关信息。此外，政府作为监管者，要求企业提供具备竞争力的敏感数据，以便为政府在健康和安全问题上的决策提供参考。如今，几乎所有的商事主体都必须将这些信息资产存放在政府手中，并希望政府能够保护这些信息的安全。在本节中，我们将探讨如何以最佳方式提交数据，以及如何跟进以防止数据丢失。

采购

联邦政府（以及大多数州）的采购受到严格监管。《联邦采购条例》（FAR）是相关规则的主要来源，并由具体部门进行补充。与商业秘密有关的规定载于第27部分（数据）和第52部分（合同条款）中。正如我们预期的那样，它们非常复杂，但最主要的一点是，如果你没有就维护信息的保密性与政府达成协议，并且对信息进行适当标记，那么你将赋予政府对信息的无限权利，包括以任何方式使用信息的权利，甚至是发布信息的权利。

理想的情况是，你应当试着将出售给政府的商品或软件定义为"商业产品"，只有在向公众出售时，才相应地提供产品上的技术数据。或者，你可以接受"有限权利"的定义，这意味着政府只能以内部使用和维修的目的使用和复制信息。根据《信息自由法》（请参见下文），如果正确标记信息，定义为有限权利的数据可以得到保护而不会被披露。

如果产品是使用政府资金开发的，那么政府当然会获得数据权，因为他们为这些数据支付了费用。但如果开发费用是共同承担的（比如，通过国防采购），你应当将权利限制为"政府目的权"，最长期限为五年。控制这方面的风险和后果的关键在于文档。首先，要仔细审查招标书中的规则，协议必须明确什么是"可交付成果"以及如何处理相关数据。对文档的标记也要特别小心。投标文件应清楚标明"只供政府内部评审之用"。在适当情况下，技术应指定为用于商业用途。定制软件应当带有"未发表作品"的标记。这些不仅仅是法律上的预防措施，实践经验表明，在文件上标注这类警告，处理文件的人必定会更加小心，以避免不当披露。

为健康和安全而强制披露

虽然不是每个人都向政府出售产品，但几乎所有的企业都需要向政府提供大量的信息，其中很多信息可以作为商业秘密。《商业秘密法》（Trade Secrets Act）这一通用法规已经有一个多世纪的历史，它禁止联邦雇员披露有价值的商业信息。更具体的法律和法规适用于具体机构强制披露的信息，如环境保护局、证券交易委员会、消费品安全委员会、职业健康和安全委员会、食品和药品监督管理局，甚至邮局。我们在第四章指出，专利和商标局对所有的专利申请在公布之前都是保密的。

虽然这里没有足够的篇幅来讨论每个机构特殊要求的细节，但有一个共同的原则贯穿始终：自由使用保密印章和标识总会让我们受益。它们至少可以警告处理文件的个人，在把信息披露给他人前需要格外小心。如果可能的话，可以区分保密信息与非保密信息来帮助他们。最后，请仔细考虑需要交出多少资料，以避免透露更多信息。防止信息不被政府披露的最安全的方法是：从一开始就不要向政府提供信息。

政府披露商业秘密

孟山都公司的"Roundup"除草剂在 20 世纪 70 年代初推出后不久就开始占领市场。它被认为优于其他除草剂，因为它杀死了大量的杂草，而且还允许农民在喷洒后的几个小时内种植农作物。孟山都公司把除草剂的配方作为商业秘密加以保护。在不到十年的时间里，成为世界上销量最大的除草剂，收入近 5 亿美元，占孟山都公司利润的近 40%。然而，在 1982 年，环境保护局（EPA）把孟山都公司提供的保密配方交给了孟山都竞争对手的一名律师。

在另一个案例中，海军泄露了一款喷气发动机的秘密生产图纸；还有一个案例中，机密的排放数据被意外泄露了两次，第一次是由环境保护局泄露的，第二次是由政府空气质量部门的一名员工泄露的，该员工错误地允许他人检查办公室的记录。幸运的是，在这两起案例中，商业秘密没有遭受损失。

在孟山都公司的案例中，向律师披露的信息被收回，环境保护局同意采用一项对未来除草剂注册审查的程序，该程序能够防止孟山都的竞争对手（仍未确认，因为律师拒绝透露其名称）从错误的披露中获利。这些事件提醒我们，政府收集和存储着非常重要的数据，而且一个职员的错误就可以导致严重的后果。

《信息自由法》及相关法律

孟山都公司的配方是根据《信息自由法》（*Freedom of Information Act*）的要求向律师泄露的。该法规（5 U.S.C.552）是关于政府信息公开的主要联邦法律，于 1966 年颁布，在水门事件后的 1974 年进行了修订，以允许公众更广泛、更容易地获取政府信息。《信息自由法》要求联邦机构及时向申请获取记录的任何人提供记录，除非该记录可以免于披露。其中最重要的一项豁免是对商业秘密的豁免。

虽然《信息自由法》适用于联邦法规范的商业秘密，也有许多州和地方法规会影响到商业信息的保密性。大多数州都有自己的《信息自由法》版本，因此你的竞争对手可以从州政府机构中收集有关你的商业信息。与联邦政府一样，许多州和地方法规要求披露敏感数据（比如，危险材料的储存和处理）。请审查公司需要遵循的法规和披露要求，以便评估信息通过政府机构泄露的可能性。

对大多数企业而言，联邦机构比州监管机构更具侵入性，并且要求更深入地披露机密信息。这造成了一类特殊的风险，因为《信息自由法》的初衷是让研究人员和记者了解政府内部运作情况，却被主要用于竞争情报的来源。一个众所周知但令人不安的事实是，几乎所有依据《信息自由法》提出的请求都来自代表私人商业利益的律师。令人惊讶的是，这种歪曲法律目的的行为却被法院坦然地接受了。在一个案例中，一位联邦法官竟然建议，向政府提交信息的人不应该关心其数据是否被泄露给竞争对手，因为它也能够收集关于竞争对手的同类数据，这实际上是对它的补偿！

《信息自由法》本身很简单。实际上，包括外国公司和政府在内的任何人都可以以任何理由要求联邦机构提供数据。政府机构不能以"公共利益"为由隐瞒数据，除少数的豁免情况外，必须按请求提供数据。这里我们介绍的是第四项豁免："从他人获得的，属于特权或机密的商业秘密以及商业或金融信息。"

"商业秘密"是一个非常宽泛的术语（参见第二章），你也许会认为这项豁免保护了企业提交的几乎所有的保密信息。但法院认为："商业秘密"的通常定义并不适用于依据信息自由法提出的请求。特别是对于技术信息，要求严格得多：技术秘密必须在"商业用途"中应用，纯粹的研究不受保护。幸运的是，对于大多数企业来说，美国联邦最高法院在 2019 年的一项判决指出，第四项豁免中的"商业和金融信息"，可以适用于任何属于现代商业秘密法的数据，因为这些数据是"机密性的"，它们实际上被所有者习惯性地视为私有数据，并且在被承诺保密的情况下提供给了政府。

一旦有依据《信息自由法》提出的请求，政府机构必须披露信息，或者必须承担拒绝披露信息的责任。在做出这项决定时，通常必须以合理方式通知信息提交者并考虑他们的反对意见。政府机构可能会试图通过剥离秘密信息并提供其他信息来解决这个问题。无论最终结果如何，政府机构的决定都会受到法院的审查，有些情况会引发昂贵的诉讼。

防止披露

依据《信息自由法》和类似法律，我们可以采取哪些措施来防止信息披露呢？在所有保密文件提交给政府之前，在文件的显著位置进行标记。如果信息可能受你所在行业的特殊法规或规定的保护，或者作为法律强制提供的一部分，那么这一点尤其重要。因此，请仔细审查这些法规和规定，试着发现禁止政府披露的规定，并在标记文件时特别引用这些规定。但请记住，无论是你指定的文件，还是具体的法规或法令，都不能绝对保证这些信息在以后的政府或法院审查中有资格获得豁免。确保你的保密声明有充分的理由，并在你的档案中记录这一声明，这样你就可以在必要时引用这些理由。

另一种控制泄露风险的方法是获得相关机构的同意。这个过程比简单地标记文档更麻烦，但它很大程度上增加了信息不被披露的可能性。部分原因是工作人员更有可能认真对待这些信息，部分原因是在回应披露请求时，政府不太可能改变关于该信息是否应当受到保护的看法。

最后，与自愿披露一样，请仔细检查你提交的文案。尽量找到一种方法，在不泄露商业机密的情况下提供对方所需或所要求的信息。只要你能实现这一目标，你的数据就可以得到防止政府披露的最好保护。

第十二章

信息窃取犯罪行为

2005 年底，一位在杜邦公司工作了 10 年并入籍美国的员工 Gary Min 计划离开公司，跳槽到总部位于英国的威格斯公司（Victrex）的亚洲分公司工作。威格斯公司是杜邦公司的竞争对手。从那时起，Min 便开始从公司数据库中下载大量的文件，包括 22000 份摘要和 16000 份完整的 PDF 文件。这一不寻常的行为导致杜邦公司请来了联邦调查局（FBI）进行调查。2006 年初，Min 递交了辞呈，接着杜邦联系了威格斯，在威格斯的配合下，杜邦在一次事先安排好的、举办于日内瓦的会议中与 Min 对质，没收了他的公司笔记本电脑并将其移交给了联邦调查局。电脑中有他前雇主的更多机密文件。调查员们随后进入了 Min 的家，发现了正在被删除的磁盘驱动器、塞满杜邦公司文件碎片的垃圾袋，甚至在壁炉里发现了一些被部分烧毁的档案。

Min 在联邦监狱服刑 18 个月，被处 3 万美元罚金，并被责令向杜邦公司支付总计近 1.45 万美元的赔偿金。据政府称，被盗文件中的信息价值超过 4 亿美元。

刑事诉讼程序

刑事诉讼程序具有几个显著的特征。首先，原告并不是被窃取的商业秘密权利人，而是由政府提起的诉讼。大多数窃取商业秘密的诉讼都是从受害者对某一具体犯罪行为的申诉开始的。一旦受害者申诉，当局会接手并决定是否追究案件，以及如果追究的话，追究的力度有多大。作为商业秘密的权利人，你可能会在中途决定与不法分子和解，或者出于各种原因，你想放弃整个诉讼案件，但这为时已晚，虽然大多数检察官在决定是否撤诉时会考虑受害者的意愿，但最终的决定权在检察官手中。

其次，刑事法庭能够把窃取商业秘密的人送进监狱。在民事案件中，你可以获得禁止滥用商业秘密的禁令，有时还可以得到一笔赔偿金。但是，监禁这种特殊的补救措施及其威胁不仅能够震慑被告，也能给其他潜在的窃贼留下深刻印象。刑事诉讼的威慑力比民事诉讼大得多。

再次，刑法还会惩罚单纯的盗窃企图。在民事案件中，为了获得经济补偿，你必须证明被告实际使用了你的商业秘密。要获得禁令，就必须有使用或披露商业秘密的现实威胁。民法试图以这种方式对不法行为造成的损害进行救济。相比之下，刑法针对的是犯罪行为本身。企图盗窃，即使未遂，也被认为是犯罪行为。

最后，部分也是由于上述两点，刑事诉讼要求提供"排除合理怀疑"的证据。这与民事诉讼形成了鲜明对比，在民事诉讼中，仅需要"优势"证据（preponderance）（即可能性大于不可能性）就足够了。请仔细考虑这一差异，因为它意义重大：检方必须以极高的标准来证明每一个犯罪要件（特别是被告的不法意图）。这种举证责任往往是检察官决定不受理案件的决定性因素。如果你遇到这种情况，请记住，你的诉求在民事法庭上会更容易得到证明。

经济间谍法

尽管大多数商业秘密都是由于粗心或愚蠢而泄露的，但技术价值的不断提高及传递的便捷性导致了商业间谍活动的蔓延。事实上，窃取商业秘密或许是最被低估的犯罪之一。与盗窃有形物品不同，无形信息被窃取后，所有者的信息财产仍安然无恙，因此受害者甚至可能根本不知道自己已经遭受了损失。在发现不法侵害时，管理层可能不愿报告在他们眼皮底下发生了盗窃事件。即使报案，当局也可能拒绝追究，因为他们认为自己有更严重的案件要处理，而且受害者已有民事救济途径，或者是因为检察官在处理涉及对外行来说似乎无法理解的技术案件时会感到不自在。

但正如杜邦事件所显示，以及近年来的头条新闻所强调的那样，商业秘密窃取对行业来说是一个严重的问题。美国直到20世纪60年代才出现针对窃取商业秘密的刑事法律，从今天的角度来看这也许让人感到吃惊。当时，一家意大利公司的一桩惊人的化学配方盗窃案促使新泽西州通过了一项特别法令，对盗用技术信息的行为进行处罚。纽约州也紧随其后，与新泽西州一样，将法律限定在秘密的"科学或技术工艺、发明或配方"。其他州（如加利福尼亚州）则选择了更宽泛的表述，将非技术数据，如客户名单和商业计划也涵盖其中。如今，大多数州都制定了相关法律。

然而，除了加州之外（不出所料，大部分案件都发生在硅谷）州一级对商业秘密的刑事执法行动并不多。冷战结束后，许多训练有素的间谍被重新部署到世界各国的私营部门，联邦调查局向国会提交了证据，表明外国试图收集美国商业机密以使其本国产业受益的风险日益加大。由此产生了1996年的《经济间谍法》（*The Economic Espionage Act*），被编入《美国法典》（U.S.C.）第18卷第1831-1839节，这标志着联邦当局首次可以专门针对窃取商业秘密的行为提起诉讼。

《经济间谍法》采用了《统一商业秘密法》（*The Uniform Trade Secrets Act*）中对商业秘密的非常宽泛的定义，因此涵盖了对商业有价值的所有信息，无论是技术还是金融方面的信息。该法案最初在国会被提出时，窃取商业秘密仅限于为外国势力的利益而盗用，但该法案经过修订后，增加了一个针对商业秘密窃取的章节，尽管处罚力度相对较轻，但该条款更广泛地适用于一般商业秘密的窃取行为。无论哪种情况，潜在的处罚都很严重。对于"一般"窃取行为（即非外国政府帮助的情况），个人可被处以最高25万美元或者与窃取有关的损失或收益的两倍的罚款，并且最高可判处10年监禁。对企业可处以高达500万美元，或是被窃取信息价值三倍的罚款。如果犯罪行为涉及向外国政府提供帮助，对个人的罚款可增加至最高500万美元，刑期可长达15年。而对企业则可处以高达1000万美元，或者信息价值的三倍的罚款。此外，还可能会责令赔偿，并没收犯罪所得或用于犯罪的财产。这可能涉及任何被盗用数据"感染"（infected）的企业财产或信息。

与州和地方政府相比，联邦检察官可以利用联邦调查局的广泛调查资源，司法部还设立了遍布全国各地的专门的检察官团队，这些人都接受过处理技术犯罪的培训。因此，特别是近几年来，《经济间谍法》得到了成功的应用。杜邦公司的案件是联邦层面数十起起诉案件的一个范本。也就是说，尽管其中许多案件明显涉及正在试图将信息带出美国的外国公民，但迄今为止，涉及外国政府行动的案件相对较少。

除了具体案例的直接影响外，《经济间谍法》还对企业行为产生了影响。由于窃取商业秘密是一种联邦犯罪，而且仅仅因为不当接收信息就可以对企业及其高管进行严厉的惩罚，因此潜在的责任促使人们更加关注合规程序。在本章的最后，我们将进一步探讨可以做些什么来确保自己不被曝光，以及如何使用与《经济间谍法》相关的指南作为保护机密信息的治理参考。

刑事起诉的利与弊

将案件提交给检察官的好处

正如我们在第十章中看到的，民事诉讼费用高昂，具有破坏性和不确定性。在某种程度上，提起民事诉讼给自身带来的损失可能比一个不诚实的员工或竞争对手带来的损失更大。然而，公诉人的庞大"武器库"往往可为你所用。事实上，你可以将球传给政府，让它在场上比赛，而你则在一旁观看。

第一个优势是成本。即使你有自己的律师来监督和协调案件，利用政府来追查违法者可以为你节省一大笔钱。不过你仍然需要花费大量时间与调查人员和政府律师接触，向他们介绍你的行业和案件事实。但与民事诉讼不同的是，刑事程序几乎不允许辩方要求受害者进行"证据开示"，因此你将免去审前被调查取证的麻烦。

第二，成功的刑事诉讼结果可以帮助你快速且最高效地解决民事争议。例如，如果被告认罪或被判有罪，这个结果在民事案件中具有约束力，唯一的问题成为应该给予原告何种救济或赔偿多少。但反过来就不一样了。如果被告被宣告无罪，民事案件仍然可以继续进行，并可能作出有利于原告的判决。原因是刑事案件的举证责任（排除合理怀疑）要比民事诉讼中的举证责任高得多。从这个意义上说，利用刑事诉讼程序对受害者来说是一个无风险的建议。

第三大优势是速度。许多初审法院被困在民事诉讼的僵局中，一些案件需要数年才能进入审判阶段。（当然，如果你的案件是在预先禁令的基础上判决和结案的，你可以更快地完成整个程序。）相比之下，刑事案件不受证据开示程序的约束，并且在大多数法院的日程表上拥有特殊的优先权，可以迅速结案。此外，考虑到这类案件往往会使人们从高效的工作中分散注意力，因此速度越快越好。

第四，刑事诉讼程序提供了一种在民事诉讼中通常无法获得的救济途径——搜查令。在我为某公司处理的一个民事案件中，该公司大部分研究部门突然间被一家不断扩张的竞争对手夺去，根据法律规定，如果我们申请临时禁令，必须提前四小时通知被告。在这四个小时的等待期间，被告已经把我们客户的七箱文件、档案和手册运送到了总部。上法庭的时候，这些箱子已经运出了州的边境，花了几个星期才把它们拿回来。虽然在这个案例中，被告的行为适得其反，法官被激怒并批准了禁令，但这个故事显示出，在民事案件中获得有效的救济有时是多么困难。

相比之下，在我推荐给当地检察官的另一起案件中，客户有充分的理由相信其软件已经被复制并且在一家工程公司使用，根据客户提供的详细的证词，我们获得了搜查令。如果我们提起民事诉讼并发出通知，被告只需敲击几下键盘，证明盗窃的计算机记录可能会在几秒钟内被销毁。事实上，警察几乎是"破门而入"，立即"冻结"了当时的行动。在面对拔出武器的警察时，销毁数据要难得多。被当场抓个正着又无法在民事诉讼的迷宫中躲藏的被告，会倾向于立即和解。因此，用极少的时间和成本就可以得到一个更好的结果。

借助刑事程序并不意味着被告一定会坐牢。也并不意味着受害者必须满足于不法分子被监禁或被罚款。刑事案件的另一个好处是，法院经常会把向受害者赔偿作为判决的一部分。赔偿令作为暴力犯罪案件中一种创造性的救济手段，同样适用于经济犯罪。通常情况下，被判犯有故意盗窃罪的被告，在对你的证据以及你如何受到损害的主张进行辩论时，是处于不利地位的。请确保向检察官提供证据，并且以一种明智的方法来分析和阐述你的损失。事实上，如果在一开始就提供这类信息，可以增加案件被受理的机会。检察官更倾向于那些损失巨大的案件，因为这类案件的被告被视为更应当受到处罚。

最后，刑事诉讼更有可能阻止未来的不当行为和对知识产权的漠视。民事诉讼已经变得非常普遍，被起诉几乎成了一种荣誉的象征。诉讼总可以归咎于报复或愚蠢，任何人都可以通过向法院支付一笔费用来提起诉讼。但是，当国家对这些指控给予独立的支持时，也就是说，不仅是金钱，当自由也受到威胁时，一定会得到某些人的关注。由于窃取商业秘密的案件很少被提起公诉，消息会迅速传到那些可能擅自处理公司数据的其他员工、供应商和竞争对手。除非控方处理不当，否则诉讼的结果几乎无关紧要。你会给人们一个印象：你非常关心自己的权利，而且会为保护该权利报警。

诉诸刑事程序的弊端

你可能会有疑问，如果刑事诉讼程序是个好的选择，为什么不在每个案件中都采用这一程序呢？为什么还要为民事诉讼的费用和不确定性烦恼呢？首先是因为，你可能无法让检察官受理你的案件。即使在当局对商业秘密案件很开明和热衷的地方，检察官也只想承接那些他们能打赢的案子。请记住，在刑事案件中，他们必须满足"排除合理怀疑"的证据标准，而且他们不能通过"证据开示"从被告那里得到证据（在搜查中发现证据除外），因为这将违反宪法第五修正案中禁止自证其罪的特权。

更为根本的原因是，刑事程序存在一些潜在的陷阱和不利因素。首先且最重要的是失去控制权。你把球传给了检察官，现在由他们来决定比赛。一旦你启动了这个程序，就无法停止它。大多数检察官在决定承担何种风险或是否在审判前结束案件时，都会考虑受害者的意见。虽然检察官是律师，但你并不是他们的客户，国家才是。控制刑事案件和惩罚违法行为涉及国家利益。因此，国家拥有最终决定权。

当你实现了保护数据的目的想要和解时，刑事程序的这一特点可能会尤其令人沮丧。无论被告提出什么样的调解协议、决议或者赔偿，你都无法终止刑事程序。多年前我辩护的一起案件中，检察官（合理但错误地）认为他很有可能证明一家初创企业的创始人窃取了其前雇主的专有软件。在立案之前，被告已经准备好归还错误拥有的东西，同意一项保护受害者权利的指令，并向前雇主支付一大笔钱。由于管理上的失误，该案被提前立案。在接近一年的时间里，检察官缓慢地推进诉讼程序，直到案件因证据不足而被驳回。那时，前雇主已经破产，而被告花在律师和专家的费用是可以在一开始支付给"受害者"的数倍。

如果在刑事指控悬而未决的时候进行民事诉讼，失控的另一个方面就会浮现出来。在民事案件，你需要获得被告的证词和文件来证明你的主张，通常通过"证据开示"来完成。然而，在提起刑事诉讼时，这些记录很可能已经通过搜查令掌握在政府手中。政府没有义务（通常也不能）与你分享这些记录。更重要的是，如果你试图取得被告的证词，恐怕只会被拒绝，因为被告不能被要求自证其罪。结果是，你将对此无能为力。

由于窃取商业秘密通常不会被起诉，你还面临另一个风险：警察或检察官可能在许多方面对案件处理不当。在技术问题上尤其如此。以我经办的一起软件盗窃案为例，因为检察官没有资源聘请独立专家，于是依靠"受害者"公司的一名代表来提供用于搜查令的基本技术信息。检察官不知道的是，也许是因为他的调查员对此案过于热衷，该公司代表并不具备分析技术的资格，并且由于憎恨被告在新公司的成功，产生了对被告不利的方式解释事实的动机。结果是，案件依据的基本信息被证明是不可靠的。

刑事程序的另一个缺点是，你试图保护的信息可能会被更广泛地披露。请记住，刑事被告有权要求"公开"审判。有时被告会最大限度地行使这一权利，希望进一步披露的风险能迫使你要求撤销指控。虽然法官通常会命令限制对保密信息的访问，这可能会引发关于你的数据有多少应该受到保护的危险质疑。在决定这些问题时，法官可能不仅会受到被告要求公开审判的影响，如果案件具有新闻价值，媒体也会推动法庭公开记录。而站在媒体身后的，可能就是你的竞争对手。

最后，请记住，检察官可能无法实现你的胜诉目标。刑事诉讼的举证责任标准非常高，这一事实可能会让被告"蒙混过关"。此外，即使是一个胜算很大的商业秘密案件，也可能因为缺少资源而败诉。可能只有很少的专家证人和顾问可以为控方提供最令人信服的陈述。归根结底，这仍是一个控制权的问题：如果你希望决定如何处理案件以及以多大力度来推进案件，你可能必须自己去做。

说服检察官接受案件

如果你认为使用刑事诉讼程序有助于实现你的目标，无论是单独使用还是与民事诉讼同时使用，请通过公司律师与检察官进行初步接触。如果案件非常复杂，可以考虑聘请一名刑法专家，特别是具有与检察机关合作（或为其工作）经验的专家。无论你如何操作，诉讼程序都应当遵循以下步骤：第一，向检察官咨询，将案件作为一种假设情况提出；第二，在时间允许的情况下，尽可能彻底地调查和准备你的案件，要特别关注被告故意不当行为的证据和被盗信息的高价值；第三，向检察官陈述案情时，要证明发生了严重的犯罪行为，而且你已经准备好尽你所能提供帮助。

当你陷入刑事诉讼时该怎么做

如果你是被告

如果你成为一桩商业秘密刑事案件的焦点，应当首先聘请一位律师。你可能会感到震惊，因为有人指控你"偷窃"了一些你真诚地认为属于你自己或公众的东西。你可能会惊慌失措、愤愤不平，或者兼而有之。但无论你的反应如何，都不要试图用言语来摆脱它。就像电影里说的那样，你所说的每句话都可能成为对你不利的证据，所以如果当局带着搜查令来了，请打电话给你的律师吧。如果事实证明这只是一个错误，那么律师能够很快地解决它。因为主要的法律问题与刑法有关，你可能会希望聘请在该领域经验丰富的专家，而他又可以聘请一位民事律师，为你提供商业秘密法领域的专业建议。

你采取的策略取决于各种因素，包括检察官的经验、案件的重要性、实际或可能造成的损害，等等。如果你认为这个案件胜算不大，或者案件是由于疏忽或错误的原因而提起的，你应该考虑与检察官会面并陈述自己的观点。同样，你应该非常仔细和彻底地准备和陈述事实。不仅要关注检察官为什么会败诉，还要关注为什么根本就不应该立案。在适当的情况下，解释为什么你的意图是诚实的，"受害者"并未真正受到伤害（或者你打算如何纠正这一状况），以及这可能是"受害者"试图利用检察官的斡旋来恐吓和压迫竞争对手。如果你能证明在案件的关键要素上存有善意的争议，那么检察官很可能会拒绝继续追究，让双方当事人在民事法庭上解决他们的分歧。

如果你是被告的雇主

如果你的某个员工是商业秘密刑事调查的对象，你也需要立即打电话给律师。如果该员工被逮捕或存在搜查令，请遵从当局的直接指示，但在与律师沟通前，不要让你的员工接受当局的面谈。这是一个严重的情况：如果你的员工使用了他人的商业秘密，即使你对此不知情，你的公司也可能要承担赔偿责任或遭受禁令。如果检察官认为有足够的证据证明管理层知情或共谋，公司或其管理人员也可能受到刑事指控。

除非管理层确实参与了不法行为，否则，与当局合作、提供信息、与受害者合作并尽可能归还文件或相关财产，通常会对你很有帮助。这些行为可以表现出与你对自己的专有信息一致的关注程度。在这一阶段，坦诚与合作通常可以避免对公司的刑事诉讼，而且往往可以促使受害者不再向你追究损害赔偿或其他救济。无论如何，都要进行彻底的调查（通过你的律师保证调查的特权），揭露所有的问题并制定措施，防止情况再次发生。

如果你是商业秘密的所有者

通常情况下，"受害者"不仅是商业秘密的持有人，还包括被许可人或以其他方式受托取得信息的第三方，例如提供特殊零部件要求的客户。通常只有在刑事诉讼开始后，你才会得知这一情况。你的目标是尽快介入，以使所有相关人员（律师、法官和被告）知道你正在保护自己的信息不被进一步披露。首先联系检察官，强调你愿意通过提供咨询意见来协助。通过你的律师，确保法院下达关于限制接触诉讼文件以及如何管理保密文件的命令。案件结束后，确保所有文件和相关材料都归还给你。

公司的刑事责任：
经理和董事的责任

如上所述，《经济间谍法》将窃取商业秘密界定为联邦犯罪。该法适用的对象不仅仅是盗窃者，还适用任何"藏匿，或以欺诈、阴谋或欺骗手段获取"信息的人，或在明知信息被盗用的情况下"接收"信息的人。该法也适用于上述行为的未遂或共谋。让我们稍作停顿，考虑一下公司计划聘用一位正为竞争对手工作的高级别员工时会有哪些动机。暂且抛开伦理道德来考虑风险，充分了解竞争对手的流程、计划和问题的理想雇员能够让公司受益。如果这位高管还能带领一支职责广泛的团队更好地为公司的战略提供信息，则更理想。

你还可以想到更明确的场景，即聘请一家咨询公司来帮助解决一个特别棘手的问题。选择该咨询公司，是因为得知他们刚刚为竞争对手完成了同一领域的一个重大项目。没有人会质问他们如何在不使用前客户保密信息的情况下，为你提供需要的服务。

你可能会反对，认为这些事情不可能发生在你的公司，因为你的公司有一个执行良好的商业道德政策。当然你也会认为，你的经理们不会粗心大意到允许这样的情况发生，也不会允许公司的程序和文件被他人的信息污染。问题是，根据我的经验，这些认识大部分基于如下假设：你的员工会以合乎道德的方式行事并避免不适当的风险。但是，除非这些风险得到积极的识别和管理，否则竞争的动机往往会占上风，或者人们会变得草率马虎。

利用合规计划控制风险

在信息资产具有巨大价值、潜在的民事和刑事责任大量存在的现代商业环境中，公司懈怠的代价会很高。通过董事会和管理层，公司有责任保护财产的完整性，负有监管职责的个人可能会因失职而承担责任。从这个意义上说，《经济间谍法》与《海外反腐败法》（*The Foreign Corrupt Practices Act*）或其他一系列要求企业谨慎、知情管理的法律没有什么不同。

最佳的做法是什么？听起来可能很奇怪，但公司可以从《联邦量刑指南》（*The Federal Sentencing Guidelines*）中获益，该指南是联邦法官在决定给予被告何种程度的惩罚（比如应当在监狱服刑多久或支付多少罚金）时适用的规则。由于企业可能会因为《经济间谍法》受到指控，一个公认的减轻企业责任的理由是"合规方案的实施"。该指南对什么样的合规方案可以得到认可提供了指导。假设你的公司被指控，你需要说服检察官拿走信息的人是个无赖员工，而且一切都是在管理层不知情的情况下发生，那么，指南的建议将为你提供帮助。如果你能指出扎实的合规努力，将会更有说服力。

实施一个周全的合规计划也会带来其他好处。主要是，它将有助于管理层和员工意识到避免对他人的信息资产造成不当污染的必要性。在这个过程中，他们会更加了解必须做什么来防止数据丢失。

下面是《联邦量刑指南》中有效合规计划标准的摘要，该标准在回应《萨班斯 - 奥克斯利法案》（Sarbanes-Oxley）时得到了巩固。正如我在第五章建议的，在设计信息保护方案时，可以考虑这些标准。

（1）公司必须制定"预防和发现犯罪行为的标准和程序"，包括"能够合理降低犯罪行为可能性的内部控制"。

（2）董事会和高级管理人员必须了解并监督合规方案。尽管经营管理职责可以授权给他人，但负责人必须能"直接接触"董事会，董事会必须提供足够的资源，并且至少每年听取一次报告。

（3）参与方案管理的个人应当无任何相关犯罪行为的记录。

（4）董事会和高级管理人员必须接受合规和职业道德培训。

（5）该方案必须包括审计和监督制度，并且必须保障个人在不担心受到报复的情况下提出意见的权利。

（6）该方案必须既有对个人合规行为的激励，也有对违规行为的惩戒。

（7）一旦发现犯罪行为，公司必须采取合理措施给予应对，并防止其他类似行为的发生。

除了上述七个基本要求外，指南还要求公司"定期评估犯罪行为的风险"，并采取措施修改方案以降低风险。

第十三章

全球市场背景下的商业秘密

国际业务面临的新安全风险

信息资产的两面性——高价值、高风险——在全球市场日益突显。沟通和协作技术不断进步，为世界各地的人才合作提供了大量新机会。事实上，人们别无选择：因为全球供应链和创新网络要求人们与外界连接，将自身最敏感的信息放在庞大的网络上。我们的信息、业务关系和管理人员也越来越多地分布在不同的地方，然而并非所有地方都能对信息提供可靠保障。

网络不只是电子连接，还可以展现典型的人际关系。通过全球数字连接进行沟通，人们可以最大程度地提升效率和业绩。随着大量宝贵数据的四处流动，不难想象数据会发生流失。下面的比喻可能不十分贴切，但其中的差别恰恰代表了信息泄露最重大的风险之一：与实物财产不同，保密信息即使失窃仍会完好地留在原处，而且现场通常似乎未遭到破坏，受害者全然不知自己丧失了对信息的独占权。相对匮乏的检测能力也助长了间谍活动。

大家是否还记得从前的物理安全世界？那时，大楼的前门是唯一的入口。我们都知道，由于商业信息数量激增，"大数据"应运而生，但却没有意识到，当前数据的来源之多、相连性之广，远远超出我们的想象。数据流因为笔记本电脑、智能手机等个人设备的使用变得碎片化，在有着无数"端点"的网络上进进出出，非常容易发生网络信息泄露。

在此大环境下，业务经营的风险和机遇相匹配。切勿想当然，要做好准备工作，谨慎选择信任的人。

商业秘密执法，世界各地做法不一

专注经济发展的经合组织，在2014年开展了一项研究，根据世界各国保护商业秘密法律的力度发布了国别排行榜，衡量的指标包括是否有证据开示程序、禁令和损害赔偿等。（研究详情请见 http://bit.ly/1DUDfkJ。）美国和加拿大位列榜首，而印度和俄罗斯等转型期大型经济体则位于榜尾。各国对商业秘密保护力度的差异令一些跨国公司感到沮丧，因为它们习惯在庞大的统一市场中经营，奉行以共同法律传统和语言为基础的共同规则。

法律差异

对商业秘密所有者而言，美国被认为采用了法律保护的黄金标准，各州拥有全面完善的法律，联邦法院也有相同的覆盖范围，允许广泛的审前证据披露。在联邦调查局（FBI）和司法部强大公诉资源的支持下，受害人可以根据《经济间谍法》获得强有力的刑事救济。总体来说，英国以及其他与美国类似的国家（比如，加拿大和澳大利亚）承袭的普通法传统，为民事诉讼提供了大体相似的法律框架，尽管这些国家的证据披露程序比美国更窄。

欧洲多数国家属于大陆法系，民事案件中没有证据开示（Discovery）程序。但是，在发现信息盗用的重要事实后，通常可以找到有效的救济。然而，各国对什么是商业秘密以及构成侵权的界定标准相对零散且不统一。我们预期，随着欧洲各国根据2016年欧盟《商业秘密保护指令》（*Trade Secrets Directive*）的要求变更其相关法律后，这一情况会得到一定改善，但大陆法系证据披露制度的缺位，可能让欧洲大陆在执行商业秘密权利方面处于落后地位。（2019年本人为国际商会合著了一份比较欧盟和美国商业秘密改革的报告，见 https://iccwbo.org/publication/trade-secrets-report/。）

在很多国家，数据保护和隐私法实际上阻碍了对商业秘密的有效保护，因为衡量风险和检测入侵的现代软件工具通常要求对员工个人行为实施密切的监控。

文化和政治影响

除法律外，决定人们可以从其他国家获得多大程度保护的重要因素之一，是该国对知识产权的普遍态度或者是对商业秘密的特殊态度。比如在亚洲，知识产权法律保护的观念最初只是西方的"舶来品"，但在最近几十年被广泛接受。

新兴经济体的政治分歧也可能影响信息保护。大家可以回想一下第二章提到的，美国是如何通过引进纺织业技术人才而在工业革命中起步的故事，尽管其做法可能违反英国法律。这个故事在发展中国家广为人知，经常听到人们谈论发达经济体需要容忍其他国家借助技术实现追赶。

全球商业秘密保护的统一行动

如第四章所述，美国商业秘密保护法律经历了近200年的持续发展，是一套主要基于州法律的制度，而且主要通过《统一商业秘密法》和联邦《商业秘密保护法》得以统一。因此，企业在主张商业秘密时，无论在美国何地寻求保护，都可以获得实质上相同的保护标准和法庭程序。虽然世界上的其他国家情况不同，但在建立商业秘密法律国际规范方面已经取得了很大进展。只要业界持续向政府传达信息，强调这一领域需要明确性和可预测性，那么就能不断在这方面向前推进（特别是在区域层面）。

条约和区域性协定

1995 年，《与贸易有关的知识产权协定》（TRIPS）通过，商业秘密保护的国际统一取得了重大进展。作为促成世界贸易组织建立的乌拉圭回合全球贸易谈判的成果之一，TRIPS 协定要求 WTO 所有成员国都遵守第 39 条规定的基本标准，以保护"未公开信息"免受不正当竞争。该协定的措辞直接借鉴了美国《统一商业秘密法》并反映了该法的三大基本要求：信息通常不为人所知或不易获得，信息的价值基于其机密性，以及信息所有人已采取合理措施保护信息的机密性。TRIPS 协定还规定了若干针对执行程序的条款。通读这些条款后，大家的印象可能是，在任何地方都可以获得有效的法律救济，但不幸的是，实际情况却不尽然。

除 TRIPS 协定外，在一般贸易谈判中，美国也将商业秘密保护视为重中之重，因此，在与其他国家达成的双边和区域自由贸易协定中，以及在取代《北美自由贸易协定》（NAFTA）的《美国—墨西哥—加拿大协定》中，都可以看到类似的重要规定。

尽管法律相似，但执行是个问题

尽管有上述外交和政治努力，各国法律（特别是程序法）仍千差万别。在某种程度上，是因为贸易协定含糊不清，所以各国可以主张它们符合协定，即使只是在狭义的、技术层面意义上的符合。此外，在不合规的主权国家执法又非常困难。这里的核心问题在于，即使一个国家的商业秘密保护法看起来符合标准，但该国的法院和诉讼程序仍采用当地标准，无法向受害人提供透明的、可预测的救济措施。

国外制度的最大问题是缺乏审前证据披露。尽管人们对美国高昂的诉讼成本褒贬不一，但美国诉讼程序非常宽松，允许当事人提前获取证据和证人证词，符合商业秘密权利人的利益。值得注意的是，由于大多数侵犯商业秘密的行为比较隐蔽，受害人在提起诉讼时，应当在合理怀疑的基础上提供更进一步的证据。但是，被告往往会隐秘地利用获取到的商业秘密，而且通常会否认存在违法行为，并坚称仅仅使用了公开信息和自身技能进行了有效竞争。而查明真相的唯一方法是获得他们的记录，因此，广泛的证据开示制度成为商业秘密案件中原告最重要的武器。然而，大多数外国司法辖区并不提供该制度，原告必须先说服当地警察和检察官启动法律诉讼，再依靠他们来查找所需证据。

即使受害人可以设法得到窃取的相关证据（比如通过私人调查公司的帮助），但得到的救济措施也很有限。禁令可能难以获得，或者禁令的范围或执行严重受限，以至于几乎毫无用处。通常，损害赔偿判决（如果最终可以获得）只能涵盖实际造成的损害的一小部分，远不足以弥补全部损失。而且，由于各国法律和习俗的特殊性，在寻求法律救济过程中，受害人可能会遭受附带损害。公开审判可能会导致受害人秘密进一步泄露。在某些国家，被告可能会起诉受害人诽谤，要求有关机构在诉讼期间逮捕受害人的当地管理人员。在这种情况下，不排除地方官员被收买的可能。

考虑到保护商业秘密在全球范围内面临的诸多挑战，请牢记两点：第一，任何涉外诉讼或刑事诉讼，必须由经验丰富的当地律师协助并精心准备。第二，应该尽己所能管理信息资产，最大程度地减少信息资产受到损害的可能，避免不得不依赖外国法院强制执行的情况发生。

保护国外信息的实用性建议
制定安全策略

首先，需要制定战略来处理我们最有价值的数据。了解数据在哪里可能被披露，哪些文化差异可能会影响当地人尊重相关的权利？当地关于员工权利的法律和政策，是否可能会影响有访问权限人员的可信度？一些文化习俗，例如对"互还人情"的接受程度以及将友情置于商业义务之上等，可能会改变风险衡量因素。请注意，本文探讨的是各种典型的"内部威胁"，这是大多数重要信息泄露的原因。泄露是否通过电子连接发生不重要，因为最薄弱的环节可能是个体参与者。

因此，除了当地的文化和商业环境外，制定战略时还必须考虑各种潜在关系——合作者、外包合作伙伴、供应商、分销商甚至客户，都可能是信息泄露的源头。如果打算通过本地子公司运营或建立自己的当地研究机构，那么它们也会成为整个互联网络中的"端点"。最后，考虑这些关系如何与开展业务的其他国家的参与者契合。

在任何风险分析中，都必须充分了解所处的环境，以便根据风险偏好做出明智的决策。在此背景下，这意味着要全面了解所拥有的信息资产及其价值降低的速度，以及可能存在的泄露威胁。了解这些内容有助于对特定交易架构、秘密的打包方式以及秘密发送目的地等问题做出决策。

注意地方共享要求

作为市场准入条件，有些政府要求必须向当地合作伙伴许可相关专有技术或其他知识产权。最温和的方式是"培训"本地产业，帮助它们向价值链上游转移并提高生产力；较为严苛的可能会强制要求向国内公司进行技术转让。不论具体方式如何，我们都需要将泄露风险视为进入或留在该市场的成本。

部分外国法律要求在合同（包括保密协议）中加入保密期。在与当地的被许可人打交道时，这可能会引发意想不到的事情，因此，如果相关信息特别有价值，请仔细审查此类限制，并审查反垄断法或不正当竞争法对数据处理的地域或使用限制等问题的规范。

须谨记的是，政府可能会随时颁布法律，要求在本土共享信息或所有权（意味着对信息的本地访问权），因此这是一项动态的风险因素。例如，可口可乐就曾在1977年面临非常艰难的局面。当时印度新政府颁布法律要求其将印度子公司60％的股权转让给当地公司，同时还必须交出支持"技术"。可口可乐以其著名的秘密配方不属于"技术"为辩护理由，在辩护失败后决定完全退出印度市场。

当然，一些本土合作伙伴具备特殊的知识或人脉关系，对外来企业取得成功至关重要。而且，某些市场巨大（如中国或印度），以至于些许信息泄露的风险可能被认为是可以接受的，不应该因为有风险而避免在这些地方做生意，关键是要仔细考虑风险的性质，做出明智的决策。

认真选择合作伙伴

在考虑海外经营时，法律问题只是其中的一个方面。因为商业秘密保护从根本上依靠的是信任，所以第一道防线就是交易相对方的诚信。因此，请采用"了解你的合作伙伴"规则，建立关系前要进行彻底调查，在整个过程中认真监控和管理。这个规则适用于常见的外部协作关系或外包合作伙伴、供应商、分销商和客户之间等，对那些持续访问内部信息的当地管理人员尤为重要，建议对他们进行全面的背景调查，签订完善的合同，并提供持续的培训和密切的监督。

对于每个潜在的合作伙伴，要考虑：这家公司的可信度有多高？它会如何保护我们向其披露的秘密？要提防常见但空洞的承诺，如"以对保护自己秘密相同的注意程度"来保护我们的秘密。相反，要求他们说明管理机密的具体措施，他们与自己的员工之间有什么样的合同（保密和竞业禁止）计划？他们的商业秘密保护培训计划是什么？他们是否对员工进行背景调查？他们落实了哪些物理和电子安全程序？他们的信息安全策略的完善和实施程度如何？他们是否会分包所委托的事宜？以及他们如何防止分包商或更下级的分包商出现问题？这家公司商业关系的历史记录如何？是否与政府有关联？

重视合同

在美国，合同很重要，法律通常有关于保密关系的默示规定，如企业与员工或长期供应商之间的保密关系。但是，在世界上的大多数其他国家，情况并非如此，秘密通常仅受到合同法的保护。在泄密后的补救和执行方面，差异更大。所以，与有权访问信息的外国对手打交道时，合同约定的内容至关重要。

合同应当非常详细地说明需要保护的信息类型和保护方式，包括有权访问的人员和允许访问的事由，对信息存储设施以及与之配合使用的 IT 系统采取的具体保护措施，以及在项目结束时应遵循的资料退还程序。如有可能，要求：（1）与可能获得访问权限的所有个人和公司达成下游协议（如当地法律允许，包含竞业禁止规定），以及（2）保存记录，这样可以使合规监督变得简单明了。实际上，可能有必要明确这类下游保密协议的内容，确保公司被指定为保密义务的受益人。在某些国家，在约束特定个人或组织的合同中，没有被指定为受益人的一方可能无法主张索赔。

在处理外国关系时，需要更多的工作来管理和验证合规性。确保合作伙伴在员工离开项目团队时通知你，采取具体跟进措施，并确保离职员工遵守保密义务。要求所有分包事先取得批准。如果可以的话，加入赔偿条款，让你的合作伙伴承担因其人员或合作方发生问题导致损失的风险。提供定期审核以及其他有效监督程序。

如果有可能，加入对违反保密规定的具体严厉处罚。外国法院可能会认可此类合同条款的效力，并判处远超过一般赔偿额的赔偿金额。为确保获得最有效的救济，请尝试选择对自己最有利的管辖法律，这可能是最有效的方式。考虑加入仲裁条款，因为仲裁裁决更可能被一些国家认可和执行。仲裁的优点之一是保密性，通常可以提供比法院更有效的救济。请务必在协议中规定，仲裁员会提供一定程度的证据披露程序。

更重视管理

尽管合同很重要，但再详尽的协议也不能代替封闭式（甚至强迫性）的管理。切勿认为任何事情理所当然，应当跟进每个问题。虽然这样做会更耗时，但可以更好地掌握信息，并且我们的高度关注会传递出一个明确的信号——在保护自身权利上我们是认真的。对所有通信进行加密和记录，将每个文档标记为机密，创建特殊程序来处理特别敏感的记录。

让信息安全成为合作伙伴的积极目标。建立与良好安全结果相关的激励措施。鼓励快速、全面地披露所有问题，包括有关离职团队成员行为的报告。持续对有权访问数据的人员提供（而不仅仅是要求）保密培训。

保持良好的本地情报和联系

在国外进行重大投资前，要聘请熟悉相关司法辖区实际状况并且与当地执法部门关系良好的当地法律顾问。这不仅涉及具体法律规定，还涉及出现问题时如何获得执行。员工保密或发明转让协议是否有特殊限制？是否必须为向员工支付发明特别补偿？是否可以获得禁令？需要多少证据才能胜诉？可以预期的赔偿金额是多少？诉讼索赔的风险有哪些？（请记住上文提到的有关诽谤索赔和逮捕的例子。）

划分并分配对秘密信息的访问权限

在管理商业秘密风险方面，一项久经考验的策略是——永远不要让人知道商业秘密的全部内容。考虑到大型组织的规模，这种划分和分配方法可以包括：

- 仅向高风险国家发送低价值数据
- 将生产过程的各个步骤拆分在不同地方完成
- 在安全地点预先混合原料或制备关键零件
- 根据工艺的不同部分拆分团队（和管理人员）
- 轮换管理人员

例如，汽车制造商进入一个国家，但不在该国进行研究和设计工作。当索尼在国外增产时，出于安全考虑，一些非常重要的零件（例如 PlayStation 游戏控制器芯片）始终在日本制造。但从长远来看，这些策略不会持续奏效。在对待当前的秘密多久不会被泄露的问题时，需要现实一点，努力通过下一代技术让这些秘密或多或少过时。

国外出行时多加注意

无论是在国外建立工厂设施，或是达成某种关系需要将技术发送到国外，每次差旅时，你或你的同事都是公司机密的"载体"。为避免出错，常识和多疑同样重要。在出差时，电子设备（笔记本电脑和电话）应替换为精简版，里面只包含此次出行所需的应用程序和（加密）文件。在返程时，对应用程序和保密文件进行检查和"清理"，了解是否曾有任何试图入侵的行为，以及传输更新后的文件是否安全。在国外时，要假设所有互联网流量都被监控记录。始终使用加密措施，并在可能的情况下使用虚拟专用网络（VPN）连接到互联网。避免使用任何公共无线网络。在会议中，要假设对话会被录音。

做好诉讼准备

正如第十章所述，商业秘密诉讼过程艰巨，费用昂贵且破坏力强。在外国司法辖区提起商业秘密诉讼亦是如此，甚至更甚。因此，首先要尝试通过非诉手段解决问题，再考虑是否可以在本国提起诉讼。如果不行，请考虑：

- 聘请有此类案件成功经验的外国律师；
- 查看签署的协议，考虑合同中约定的赔偿方式；
- 起诉前，请尽一切可能调查并收集确凿的证据；
- 考虑在其他司法辖区提起平行诉讼，获取更多证据或提供其他形式的救济；

- 如果不太可能或不可能取得全面禁令，争取获得早期的有限救济，如证据保全令；

- 要求合规程序，如任命监察员；

- 理解可能难以获得禁令，注重金钱赔偿索赔；

- 仔细考虑刑事诉讼的利弊，如果决定提起刑事诉讼，提供有关搜查对象的详细信息，帮助检察官计划最全面的扣押程序。

 商业秘密：网络时代的信息资产管理

附录一　员工保密协议与发明转让协议范本

员工保密协议与发明转让协议

鉴于本人受雇于【填写公司名称】或其子公司（以下简称"公司"），本人特此向公司陈述并同意以下内容：

1. 公司业务。本人了解公司一直从事于与其业务相关的持续研究、开发、生产和营销工作，作为本人在公司工作的重要组成部分，公司可能希望本人做出新的贡献并创造有价值的发明。在本人任职期间，未经公司书面同意，不会为任何其他人或公司从事任何研究或商业活动。

2. 发明。自本人受雇于公司之日起，将以保密方式及时向公司披露本人任职期间【及其后_____时期内】单独或与他人共同制作、构想、首次付诸实践或创造的所有发明、改进发明、外观设计、原创作品、公式、工艺、物质组合、计算机软件程序、数据库及其他有价值的信息（以下简称"发明"），而无论这些发明是否可以申请专利、可以享有版权或可以作为商业秘密保护，无论是否在本人履行职务过程中产生。本人承认，所有这些发明都是公司的专有财产，所有这些原创作品，在可以享有版权的范围内，都是《美国版权法》定义的"职务作品"。

3. 在先发明。附件 A 罗列了属于我本人或他人的所有发明的完整清单，这些发明是在本人受雇于本公司之前构思、创造或付诸实践的发明。如果披露附件 A 中的某项内容可能导致本人违反任何先前的保密协议，则本人不得在附件 A 中披露该等内容。本人将在附件 A 的适当位置简要披露每项发明的名称，列出该发明的所有人，并因此说明未对该等发明进行全面披露的事实。如果本人在附件 A 中未描述任何发明，则本人声明，在本人受雇于公司之前没有构思、创造或付诸实践于任何此类发明。本人没有合同或其他义务将发明转让给公司以外的任何人。

4. 发明的转让。本人同意，所有（a）使用公司的设备、物质（条件）、设施或商业秘密而创造的发明；（b）本人为公司的工作成果；或（c）与公司业务、当前或预期的研究和开发有关的发明（包括在本人离职后＿＿＿＿＿＿期间内创造的发明），均是并将成为公司单独所有的专属财产，本人特此将上述发明转让给公司。

5. 其他权利的转让。本人特此不可撤销地将以下权利转让给本公司：（a）任何发明的所有专利、专利申请、版权、集成电路布图设计、商业秘密和其他知识产权；以及（b）本人对任何发明可能拥有的或与之相关的所有"人身权"（定义见下文）。本人也在此永久放弃并同意永远不主张本人在任何发明中或与任何发明有关的任何或所有"人身权"，即使在本人代表公司的工作终止后也是如此。"人身权"是指署名权或保护作品完整权的任何权利；主张发明人身份的任何权利；反对对任何发明的任何歪曲、毁损、其他修改或贬损的权利，无论这种行为是否会损害本人的荣誉或名誉；以及任何类似的权利，即世界上任何国家的司法、成文法或任何公约所规定的，无论这种权利是否被称为或一般称为"人身权"的权利。

（备注：以上是基于美国法律对"人身权"的相关约定，与中国法律规定不同，请注意参考该文本时做适当修改。）

6. 协助。本人同意以一切适当的方式协助公司在任何和所有国家获得并执行专利、版权、集成电路布图设计、商业秘密等。本人将签署公司合理要求的可能用于获得或执行此类专利、版权、集成电路布图设计、商业秘密和其他法律保护的任何文件。本人委任公司秘书作为本人的代理人，代表本人为此目的签署文件。在本人与公司终止雇佣关系后，本人在此承担的义务仍将继续。但在终止雇佣关系后，就本人为上述协助实际花费的时间或费用，公司应向本人提供合理补偿。

7. 保密信息。本人知晓，在本人受雇期间，对可能向本人披露或以其他方式被本人获悉的、与公司业务或与公司母公司、关联公司、客户、供应商或任何其他方的业务有关的任何机密或秘密性质的信息（"保密信息"），本人均负有保密义务。此类保密信息包括但不限于发明、营销计划、产品计划、商业战略、财务信息、预测事项、人事信息和客户信息。在任何时候，无论是在本人受雇期间还是在终止雇佣关系后，本人都将严格保密所有此类信息，未经公司事先书面同意，本人不会使用或披露任何此类信息，但履行公司员工职责所必需的情况或与同事或其他人员就其工资、福利或其他雇佣条款进行沟通的情况除外。本人明白，所有与本人的工作或使用公司设施有关的文件（包括电子记录、传真和电子邮件）和材料的创建、接收或传输都是公司的财产，公司可以随时检查。在本人与公司终止雇佣关系后（或在公司要求的任何时候），本人将立即向公司交付与本人在公司工作有关的任何性质的所有文件和材料，并提供本人遵守本协议的书面证明。在本人离职后的任何情况下，都不会占有公司的任何财产，或包含任何保密信息的任何文件或材料或其副本。但本协议中的任何内容都不妨碍本人以保密方式向本人的律师、相关政府机构或法院报告潜在的违法行为。

8. 先前的协议和属于他人的信息。本人理解，尊重他人的知识产权是公司的政策。本人声明，本人在履行本协议的所有条款以及在履行作为公司员工的职责过程中，不会违反与任何前雇主或其他方签订的任何发明转让、保密信息或类似协议。不会将前雇主不为公众所知，或没有依法转让给公司的任何信息、文件或材料带入公司或为公司履行职责时使用，也不会诱使任何其他人实施这些行为。

9. 通知。本人特此授权公司将本协议的条款及本人在本协议下的义务通知本人未来的雇主。

10. 不招揽。在本人与公司终止雇佣关系期间及终止后的一年内，不会为了自己或任何其他方的利益而招揽或带走公司的保密供应商、客户、员工或顾问。

11. 禁令救济。本人明白，本人违反本协议将造成不可挽回的损失，因此，公司将有权要求法院下令执行本协议。

12. 适用法律。本协议将根据_____州的法律（不包括管辖法律冲突的法律体系）进行管辖和解释。

13. 无雇佣义务。本人明白，本协议本身不构成雇佣合同，也不要求公司在任何规定的时间内雇佣本人。

14. 放弃和部分执行。如果公司放弃追究本人违反本协议任何条款的责任，不应被视为放弃追究本人其他或后续违反本协议的责任。如果本协议的任何条款被认定为无效、失效或无法执行，其余条款仍应继续具有完全的效力和作用，而不会以任何方式受到损害或失效。如果本协议中的任何限制性条款被法院认定不能按书面表述执行，该条款仍应在法律允许的最大范围内获得执行。

15. 完整协议。本协议代表本人与公司之间就相关事项达成的完整协议，取代先前所有口头或书面通信、声明或协议。本协议仅可通过正式授权并经签署的书面文件进行修改。

16. 继任者。本协议对本人以及本人的继承人、执行人、受让人和管理人具有约束力，并使公司及其继承人和受让人受益。

本协议自本人受雇于公司的首日起生效，即20＿＿年＿＿＿＿＿。

（公司名称）

签字人职务：＿＿＿＿＿＿＿＿＿＿＿

签字人名称：＿＿＿＿＿＿＿＿＿＿＿

员工：

＿＿＿＿＿＿＿＿＿＿＿＿＿＿＿＿＿＿＿＿＿＿＿＿＿

签名：

（员工须知：本协议影响到重要的权利。除非你已仔细阅读并确信自己完全理解本协议，否则请勿签署本协议。）

附件 A（示例）

第一部分

以下是本人在受雇于公司之前，与公司业务有关的所有发明、发现或改进的清单。

员工姓名缩写：

（只写一行）

_____无

_____如下所列（如有必要，请使用附加页）。

_____

_____

_____

_____

_____

_____附加页附后。

第二部分：

由于先前的保密协议，本人无法按照上述第一部分的要求披露以下发明、发现或改进，本人对下列各方负有保密责任。

发明或

改进方的关系

_____

_____

_____

_____附加页。

已确认。

签字人：＿＿＿＿＿＿＿＿＿＿＿

日期

＿＿＿＿＿＿＿＿＿＿＿＿＿＿

签名：

＿＿＿＿＿＿＿＿＿＿＿＿＿＿

员工

日期：

＿＿＿＿＿＿＿＿＿＿＿＿＿＿

附录二　保密协议范本

简版保密协议

1. 本保密协议由【甲】和【乙】订立。

2. 本协议的目的是保护【甲】拟向【乙】披露的保密信息，以便【乙】考虑是否与【甲】进行商业交易。

3.【乙】同意仅出于约定目的接收并严格保密与【填写披露事项】有关的保密信息，不向任何人披露或将其用于任何其他目的。

日期

_____　　_____

【甲】　　　　　　　　　　　　　　【乙】

潜在被许可方的保密协议

1. 协议。本《保密协议》（以下简称"协议"）由【甲】（"披露方"）与【乙】（"接收方"）签订。

2. 目的。披露方和接收方希望洽谈涉及【填写披露主题（内容）】的合作共赢的业务关系。这可能导致披露方的某些保密信息（定义如下）被披露给接收方。披露方同意在签署本《保密协议》的前提下提供保密信息，接收方同意根据本协议的条件接收保密信息。

3. 保密信息的定义。"保密信息"是指与【填写披露主题】有关的任何信息，包括产品、样品、设计、图纸、工艺、公式、测试数据、实用新型专利或外观设计保护的申请、软件、客户名单、商业计划或预测、财务预测以及营销或定价战略，这些信息由披露公司（在披露之时或之后的 30 天内）以书面形式指定为保密信息。

4. 非保密信息。保密信息不包括以下信息：（一）披露时已为公众所知，或后来非因接收方的过错而为公众所知的信息；（二）如接收方的同期记录所示，在披露时已为接收方所知的信息；或（三）接收方通过与披露方无关的合法手段获悉的信息。

5. 限制使用和披露。接收方应当对保密信息进行严格保密，应限制其雇员和承包商只有在必要的情况下才能够接触保密信息，要求任何获准接触保密信息的人签订书面保密协议。除用于与披露方可能的业务关系的内部分析外，未经披露方事先书面同意，接受方不得使用、披露或允许他人使用或披露保密信息。未经披露方事先书面同意，接受方不得对任何保密信息进行修改、逆向工程或创造其他产品。在披露方的书面要求下，接收方应立即向披露方返还其拥有的与保密信息有关的所有记录、说明和其他材料。

6. 期限。接收方对披露和使用保密信息的限制应在本协议终止后继续有效，直到保密信息不再属于商业秘密，或直到披露方向接收方发出解除本协议的书面通知，以两者中在先发生者为准。

7. 关系。本协议双方正在探讨建立业务关系的可能性，如果达成一致，将通过单独的协议建立这种业务关系。本协议中的任何内容均不得视为任何一方出于任何目的而构成另一方的合伙人、代理人或雇员。

8. 完整协议。本协议表达了各方对相关事项的完整理解，并取代之前所有的提议、协议、声明和理解。除非双方签署书面协议，本协议不得修改。

9. 豁免。一方未能行使本协议规定的任何权利，不应视为其对之前或之后权利的放弃。

10. 协议约束力。本协议以及任何一方的义务对其代表、继任者和受让人具有约束力。合同双方已通过其授权代表签署本协议。

日期

————————————　　————————————

【甲】　　　　　　　　【乙】

附录三　非保密协议范本

非保密协议

1. 协议。本保密协议（以下简称"协议"）由【甲】（以下简称"披露方"）与【乙】（以下简称"接收方"）订立。

2. 目的。披露方和接收方希望洽谈涉及【填写披露主题】的潜在业务关系。然而，接收方不希望接收或接触到披露方的任何保密信息，因此，本协议旨在明确双方的权利。

3. 无保密关系。披露方与接收方之间的信息交流不存在任何保密关系，也不能推断为保密关系。

4. 不泄露保密信息。任何一方不得向对方传达或以其他方式透露任何保密信息。所有交换的信息将被认为可供任何一方使用而无须承担任何义务。

5. 不产生任何义务。任何一方仅对其收到的信息给予其自行决定的评估和考量，并且没有义务返还任何提交给该方的材料或透露该方与信息有关的行动或意图。双方理解，任何一方均可能存在与本协议商议主题有关的现有或未来的活动或关系。

6.无许可。本协议或双方的洽谈不产生任何权利的授予或暗示任何许可。

7.另行签署合同约定义务。任何一方对另一方承担的义务必须以书面形式，并由其授权人签署。

日期

_____ _____

【甲】   【乙】

附录四　顾问协议范本

顾问协议

本协议由_____（以下简称"公司"）和_____（以下简称"顾问方"）于____年____月____日签署，具体内容如下：

1. 定义：

（a）"保密信息"指因开展本协议项下的顾问业务，由公司向顾问方披露或者由顾问方获悉的、尚未在相关行业被普遍知晓的，关于公司现有或未来的计划、服务、项目和产品的信息。

（b）"知识产权"指任何专利、著作权、商标、服务标记、商业秘密或其他形式的知识产权，产生于：（1）顾问方基于或通过本协议的活动创造的任何职务作品；或者（2）顾问方基于或通过本协议的活动而知悉的，与公司现有或未来活动相关的任何发明、发现、概念或想法。

（c）"主体"指任何个人、公司、政府、政府分支或专门机构、商业信托、资产实体、信托、合伙企业、联营企业、具有联合或共同利益的两个或多个主体，或任何其他法律或商业实体。

2. 工作范围、报酬及相关事项。

在本协议期限内，顾问方作为独立承包人应当向公司提供附件 A 约定的服务和可交付成果。

公司应按照附录 A 约定的费率向顾问方支付报酬。此外，在符合公司费用支出政策和流程的前提下，公司应报销顾问方因履行本协议顾问职责发生的所有的合理实际的支出；此外，未经公司事先同意，顾问方在任何情况下不得擅自产生单笔超过一百美元（$100）的支出。

3. 期限及终止。

（a）顾问方在本协议项下活动的起始日为本协议签署之日。此后，公司可以在任何时候提前十五个工作日通知顾问方终止本协议，除了向顾问方支付截至本协议终止日的应得报酬外，公司没有任何其他支付义务。若顾问方违反本协议项下的任何义务，则公司无须提前通知即可终止本协议。

（b）顾问方可以提前十五（15）个工作日通知公司终止本协议，在此情况下，公司只需要向顾问方支付截至协议终止日的应得报酬。

（c）本协议终止后，第 4（a）条、4（c）条、4（d）条、第 5 条以及第 6 条继续有效。

4. 竞业限制和保密信息。

（a）顾问方和公司确认，鉴于本协议的性质以及顾问方与公司的关系，顾问方有权访问、获取并协助公司开发与其业务运营相关的保密及专有信息，包括公司当前和未来的产品以及服务、系统、客户、顾客、代理商、销售和营销方法、技术和战略。

顾问方承认，上述信息对公司过去及未来的业务均具有核心重要性，向他人披露或由他人使用该等信息会给公司造成重大损失。

（b）本协议有效期内，顾问方不得因任何原因直接或间接、单独或代表任何主体从事与公司业务相竞争的任何活动，也不得招揽或以其他方式试图与任何主体建立与公司相竞争的业务关系。

（c）顾问方应就本协议项下研发或开展相关工作获取的所有非公开信息保密，未经公司事先书面同意，顾问方不得披露或使用该等信息。

（d）顾问方陈述并保证，履行本协议不会违反顾问方对任何其他主体的任何义务；不存在任何其他协议或义务限制顾问方履行本协议；顾问方能够并且将在不违反任何其他主体权利的情况下履行本协议项下的所有职责。

（e）公司同意，本协议不禁止顾问方以保密方式向其律师、相关政府部门或法院举报公司的潜在违法行为。

公司确认，顾问方是本协议所涉领域的专家，本协议的任何条款均不限制顾问方在顾问关系终止后向其他主体（包括公司的竞争对手）提供咨询服务。

公司进一步确认，顾问方可以使用非公司产品或服务独有的，可以凭借其大脑记忆的相关行业中具有普遍适用性的任何信息、专门知识或技能，只要顾问方没有违反本协议以后续使用或披露为目的而刻意记忆该等信息。本条款不构成任何专利或版权的许可。

5. 知识产权的让与。顾问方承诺，在担任公司顾问期间，及时向公司披露其直接或间接，单独或联合他人，获得的涉及公司全部或部分业务的所有发明、发现以及改进。

顾问方进一步承诺向公司转让所有知识产权，包括上述发明、发现和改进的所有权利、权属和权益，除本协议第2条约定的顾问费外，不会向公司收取任何其他补偿。此外，顾问方应签署所有文件，并采取所有必要或适当的行为，协助公司在任何国家获得相关的专利、商标、服务标记、著作权或其他保护。

顾问方确认，根据《著作权法》的规定，所有与本协议有关的作品均属于"职务作品"。

（本段是保密协议中有时采用的"残留记忆条款"的变体。请参见第六章关于保密协议管理的内容。在顾问方可能会为竞争对手服务的情况下，竞业限制可能产生的矛盾可以借助"残留记忆条款"得以解决。请参见第五章关于"顾问和独立承包商"的内容。

根据经验，除了最受欢迎的顾问外，通常很难获得"残留记忆条款"的保护，但协议应当包含某种形式的条款，确认顾问方的服务不具有排他性，只要顾问方能够遵守保密协议，就可以自由地服务于任何其他公司。）

6. 归还记录与财产。顾问方同意，无论本协议因何种原因终止，顾问方均应立即归还与公司知识产权相关的所有记录、副本、摘录和摘要，包括但不限于文档、信件、信息、软件及数据，以及所有属于公司或其产品的相关记录。顾问方还应当立即归还公司的其他所有财产。

7. 权利限制。除本协议明确约定或由公司书面授权外，顾问方不得以任何形式代表公司行事或订立协议。除上述一般性限制外，除非公司给予明确的书面授权，顾问方无权代表公司开展任何业务，签署任何文件或文书，导致公司承担任何义务，或代表公司接收任何到期或即将到期的应收款项。

8. 免责效力。如一方免除另一方对任何协议条款的违约责任，不应被视为或被解释为对任何后续违反本协议的责任免除。

9. 本协议项下权利的转让。公司在本协议项下的权利和利益是可转让的，本协议项下的所有承诺对公司的继承人或受让人有效，并可由其执行。本协议对顾问方的继承人具有约束力。

10. 适用法律和争议解决；律师费。本协议适用_____法律，本协议项下的任何争议应提交_____解决（法院或仲裁）。若因本协议产生诉讼或仲裁，胜诉方有权要求败诉方承担相关的合理律师费用及开支。

11. 可分割性。本协议任何条款因任何原因被认定为无效或不可执行的，不应影响本协议其他条款的效力。

12. 完整协议。本协议系公司和顾问方就相关事项达成的完整协议，取代先前所有的口头或书面沟通、陈述或协议。未经正式授权和书面签署，本协议不得修改。

兹于_____年_____月_____日签署本协议，以昭信守。

公司名称：　　　　　顾问方（姓名）：

签约代表：　　　　　签名：

_____　_____

附录五 对他人主动提交信息的回复及相关协议范本

对他人主动提交信息的回复

尊敬的先生 / 女士：

我们已收到您于_____年_____月_____日的来函，该信函已转发给我，并由我负责向您回复。

根据 ABC 公司关于外部提交信息的政策，在我们审阅您提交的材料之前，您必须签署所附文件。请您仔细阅读该文件，该文件规定了我们将在非保密的基础上对您提交的材料进行审查。

虽然 ABC 公司对外部人士提供的创意深表感谢，但我们的经验表明，许多外部提交的创意与公共领域的现有信息或我们已经开展的项目基本相同。因此，除非材料提交人签署随附的协议，否则我们不会对任何材料进行审查。在收到您签署的协议前，我们不会对您提交的材料进行审查或评估。如果您不希望我们在此基础上进行审查，请告知我们，我们将把材料退还给您。

感谢您的关注。

（署名）

对提交的发明和创意进行非保密审查的授权

根据 ABC 公司的审查和评估要求，本人（材料提交人）签字确认：过去、现在或未来提交给 ABC 公司或其任何部门或子公司的任何发明、想法或信息均受以下条件限制，且下列条件同样适用于本人提交的任何补充信息。

（a）相关材料的提交不会导致与 ABC 公司建立起保密关系，ABC 公司对相关材料的审议不暗示存在任何保密关系，且相关材料并非以保密方式提交给 ABC 公司。

（b）ABC 公司没有承诺对提交的信息或材料保密。

（c）ABC 公司对提交的任何想法的接受和考虑，不会影响 ABC 公司对与之相关的任何专利的有效性进行质疑或侵权索赔的权利。如果提交人认为 ABC 公司侵犯了其任何专利，唯一的补救措施是通过专利法提供的程序主张权利。

（d）ABC 公司将在自行判断的情况下，对提交的每一项创意进行考虑，没有义务退还任何提交的材料，也没有义务披露其与提交材料有关的行为或意图。

（e）ABC 公司没有义务披露任何有关其活动或意图的信息，无论是在一般领域还是在与提交材料有关的特定领域。

（f）如果 ABC 公司决定不对提交的材料提供补偿，其没有义务为其决定提供任何理由。

（g）如果 ABC 公司对提交的任何创意或发明进行收购谈判，或就该创意或发明提出任何收购要约，不会对 ABC 公司造成任何不利影响，也不会被视为 ABC 公司承认该创意的新颖性或独创性，或承认提交人或任何其他人的优先权。

提交人同意并签名：

日期：

附录六 警告函范本

致离职员工的警告函

亲爱的史密斯先生:

由于您近期终止了我们的劳动关系,我们想在此提醒您,您对公司的义务在劳动关系结束后还会继续。如您所知,公司拥有大量高度敏感和机密的商业信息和专有技术。这包括客户名单、营销计划、工程数据、产品计划等。在您受雇期间,您曾被提供或接触到这些信息。

相关法律以及您入职时签署的合同均禁止您离开后使用或披露这些信息。为方便您阅读,本信函附上了您签署的协议副本。由于您准备到我们的竞争对手公司就职,请您特别注意不要违反对这些信息的保密义务。我们认为这些信息是非常重要的财产,并且会毫不犹豫地采取必要的法律措施来保护它们。

我们不希望与您发生任何相关法律纠纷,并希望您尊重我们对您的信任和信心。如果您对持续保密义务的内容有任何疑问或问题,请随时与我们联系。

公司(签署)

日期:

 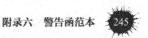

致新雇主的警告函

亲爱的琼斯先生:

我们获悉约翰·史密斯先生近期从我公司离职并决定加入贵公司。我们想提请贵公司注意,史密斯先生曾在我们的先进部件部门担任高级研究工程师。在这一职位上,他对我们的去凸缘(de-flanging)工艺流程相当熟悉,我们认为并将该流程视为公司的机密信息和专有财产。

在受雇期间,史密斯先生签署了一份《员工保密和发明转让协议》,我们随函附上该协议的副本供您参考。我们希望史密斯先生能遵守他的义务,并尊重我们在该领域的商业秘密。我们还相信,贵公司不会指派史密斯先生担任可能会泄露或使用我们任何商业秘密的职务。

如果贵公司对上述事项有任何疑问,我们很乐意向贵公司澄清。我们特此请求贵公司确认:史密斯先生不会被安排在任何可能导致不当使用我公司机密信息的职位,并请求贵公司说明正在采用何种措施来防止这种不当使用。

我们期待贵公司的早日答复。

公司(签署)

日期:

译 后 记

　　普利先生是美国加州大学伯克利法学院的兼职教授，我是伯克利法学院科技与法律中心的兼职研究员，非常有幸通过莫杰思教授的引见与普利先生相识，普利先生在商业秘密领域的深厚造诣和对企业实践的敏锐洞察，令我深受启发。

　　我主要从事公司法领域和投资并购业务，在中美两国多年的执业经历与行业观察让我深刻地认识到，在以各类形式存在的企业资产中，商业秘密无疑是尚未真正浮出水面且未被充分发掘的巨大宝藏。正如普利先生在书中所述，在信息时代，商业秘密确立了企业的竞争优势，知道如何保护和利用商业秘密的企业，可以迅速利用其业务获取利润并占据市场主导地位。近年来，中国企业在全球化市场的博弈与角逐中表现出色，但一些企业仍面临竞争优势后劲不足的困境，有效保护和挖掘企业现有或潜在的商业秘密资源正是突破口之一。普利先生的这本经典著作吸引了美国各个行业与领域的众多读者，十分期待本书的中文译本也能够为中国企业提供战略启迪和行动参考。

　　本书得以顺利出版，得益于很多人的努力与付出。衷心感谢一直以来给予我支持和帮助的美国加州大学伯克利法学院莫杰思教授、清华大学法学院申卫星教授和崔国斌教授，同时感谢我的助理李鸣、杨玉婷、赵盛欣和刘佩韦对本书部分章节的初稿翻译与校对所做的贡献。

刘芳

二〇二二年十月三十一日